高职院校教学名师成长之路

——珠三角地区十二位教学名师深度访谈及研究

郭全美　著

中国商务出版社
CHINA COMMERCE AND TRADE PRESS

图书在版编目（CIP）数据

高职院校教学名师成长之路/郭全美著. --北京：中国商务出版社，2021.11

ISBN 978-7-5103-4081-9

Ⅰ.①高… Ⅱ.①郭… Ⅲ.①高等职业教育-师资培养-研究 Ⅳ.①G715

中国版本图书馆 CIP 数据核字（2021）第230589号

高职院校教学名师成长之路
GAOZHI YUANXIAO JIAOXUE MINGSHI CHENGZHANG ZHILU

郭全美　著

出　　　版：	中国商务出版社
地　　　址：	北京市东城区安外东后巷28号　邮　编：100710
责任部门：	教育事业部（010-64283818）
责任编辑：	刘姝辰
直销客服：	010-64283818
总 发 行：	中国商务出版社发行部（010-64208388　64515150）
网购零售：	中国商务出版社淘宝店（010-64286917）
网　　　址：	http：//www.cctpress.com
网　　　店：	https：//shop162373850.taobao.com
邮　　　箱：	347675974@qq.com
排　　　版：	北京贝壳互联科技文化有限公司
印　　　刷：	天津雅泽印刷有限公司
开　　　本：	710毫米×1000毫米　1/16
印　　　张：	12　　　　　　　　　字　数：201千字
版　　　次：	2021年11月第1版　　印　次：2022年9月第1次印刷
书　　　号：	ISBN 978-7-5103-4081-9
定　　　价：	60.00元

凡所购本版图书如有印装质量问题，请与本社印制部联系（电话：010-64248236）

版权所有　盗版必究（盗版侵权举报可发邮件到本社邮箱：cctp@cctpress.com）

前　言

本人是广州番禺职业技术学院现代物流学院工商企业管理专业的一名专业教师。2015年3月，管理学院成立教师发展中心，因此机缘，我作为发展中心的成员之一牵头创办《青蓝》公益性文化期刊，同时担任期刊执行主编一职。作为一本以报道人物题材为主的刊物，从创刊至今，我先后采访了校内外近30位教师和企业人员，其中包括教学名师、优秀骨干青年教师、行政秘书、教学秘书、企业高管、企业兼职教师等。2017年，我顺利立项名为"高职院校教学名师成长规律及培训策略"的广州市教育科学规划课题，因课题研究需要，我在采访本校教学名师的基础上又先后采访了广东轻工职业技术学院和深圳职业技术学院的部分教学名师。

本书最终的成稿是在期刊运营、课题研究和创新团队项目这三项工作的基础上凝结而成的一项汇集性成果。全书共分三个篇章，分别为访谈篇、报道篇和研究篇。第一篇章访谈篇，是我近5年来先后采访3所"双高"高职院校的12位省级以上教学名师的访谈纪实文本。在数万字的采访文本里，较深入地记录了各位教学名师在教师职业机缘、人生成长历程、教育教学理念、学生观、科学研究、社会服务、精力管理、时间管理、心流体验、兴趣爱好、生涯体会等方面的切身感受；第二篇章报道篇，是我在《青蓝》杂志"名师之路"栏目撰写报道教学名师心路成长历程的5篇文章；第三篇章研究篇，是我近4年来对教学名师开展访谈质性研究的一点学术成果，第一篇论文主要研究教学名师成长规律，第二篇探索教学名师心流体验，第三篇和第四篇是对国家万人计划教学名师阚雅玲老师在精力管理和习惯两方面的质性个案研究。

回顾过往的5年，采访教学名师们的点滴画面历历在目，身为访问者、报道者和研究者，我是这次田野调查的最大受益者。每次读到采访名师的原始文本，我常有一份莫名的感动，同时也会在内心深处涌起一份感恩和感激之情。

在此，感谢学校和现代物流学院领导和同事对我采访道导教学名师工作的一系列支持和帮助，感谢12位教学名师对我采访工作的耐心接待和支持。另外，本书属于广东省普通高校人文社科项目（创新团队项目）"标准化建设高职商科'双师型'队伍创新团队"（编号：2021WCXTD029）和"工商企业管理专业创新团队"项目的阶段性成果，在本书编写过程中，得到了课题组成员的支持与协助。在此特别表示感谢。

由于本人水平有限，书中刍议之言不免有疏漏浅薄之处，敬请各位读者批评指正。

郭全美

2021年8月30日

目　录

第一篇　访谈篇

国家万人计划教学名师渠川钰教授访谈录 …………………………………… 3
国家级教学名师张来源教授访谈录 …………………………………………… 12
广东特支计划教学名师余明辉教授访谈录 …………………………………… 19
广东省教学名师曹干副教授访谈录 …………………………………………… 24
国家万人计划教学名师杨则文教授访谈录 …………………………………… 33
广东省教学名师叶雯教授访谈录 ……………………………………………… 44
国家万人计划教学名师龚盛昭教授访谈录 …………………………………… 52
国家级教学名师朱光力教授访谈录 …………………………………………… 61
国家万人计划教学名师刘红燕教授访谈录 …………………………………… 66
广东省教学名师袁军平教授访谈录 …………………………………………… 70
国家万人计划教学名师阚雅玲教授访谈录 …………………………………… 76
广东省教学名师郭盛晖教授访谈录 …………………………………………… 92

第二篇　报道篇

教之要义，长善救失 …………………………………………………………… 101
大道至简 ………………………………………………………………………… 107

莫问收获，但问耕耘 ··· 112
不争之德 ·· 118
回归 ·· 125

第三篇　研究篇

国家级教学名师成长特质及重要启示
　　——基于六位国家级教学名师的访谈质性研究 ················ 135
"福乐"相伴长久——高职院校教学名师心流体验研究
　　——基于七位国家级教学名师心流体验的深度访谈分析 ········ 149
一位教学名师的精力管理：一项叙事研究 ······················· 160
习惯的力量
　　——基于一位国家万人计划教学名师的质性访谈研究 ·········· 174

第一篇　访谈篇

国家万人计划教学名师
渠川钰教授访谈录

名师简介

渠川钰，女，1963年出生，山西祁县人，教授，高级工程师，国家万人计划教学名师，广东省教学名师，国家高级玩具设计师考评员，高级玩具设计师。1984年毕业于山西矿业学院，获工学学士学位。现任番禺职业技术学院机械与电子系玩具设计与制造专业（国家示范性建设院校重点建设专业）负责人。

曾在设计院工作十五年，完成百余项各类工程设计项目。期间，获山西省煤炭系统优秀工程设计一等奖一项、二等奖一项；在工厂工作三年，主持开发出的两个品种十几个系列的电器产品均已通过广东省经贸委组织的鉴定，投入生产近千套，为企业创造了巨大的经济效益。2002年6月到番禺职业技术学院任教，主要从事玩具设计与制造专业基础课和专业课程的教学和研究。从教以来，教学质量受到学生和同行的一致好评，连续三年获得学院教学质量优秀奖；《玩具机构分析与应用》（课程负责人）课程被评为广东省精品课程（2006年）；《玩具制图与Auto CAD》（主讲教师、主要负责人）课程被评为广东省精品课程（2003年）、国家精品课程（2004年）；教学成果"高职玩具专业人才培养模式的构建与实践"获广东省教学成果一等奖（2005年）、国家教学成果二等奖（2005年）；指导学生的作品"多角度高效摘果器"获得第九届"挑战杯"广东大学生课外学术科技作品竞赛特等奖；2005年被学院评为首届教学名师，广州市优秀教师。

访谈纪实

您曾在企业工作18年，从一名高级工程师、设计师到一名高职学校的老师，在角色的转换上，您觉得有较大变化吗？

渠：肯定有变化。我以前在山西的设计院是做工程设计，比较宽泛，是整个一个大的工程的设计，到了番禺的企业，我又做产品设计，这两种类型的设计我都做过。2002年到学校之后，角色的变化是蛮大的，以前是跟同事和客户交流，也有很多时间是在跟图纸交流，不像在学校是跟学生这么长时间的面对面交流。到了学校的时候，最重要的就是语言的交流，你一定要把你的东西表达清楚，这对语言表达的能力要求就会更高。

您在刚教学的头一年里有过工作上的困惑和困境吗？

渠：有困惑。比如对自己的信心不足。因为以前从来没做过教师，各方面都感觉很欠缺，所以第一年我下了特别大的功夫去备课，我当时是暑假来的学校，假期马上去参加了教师的入岗培训。培训完之后，就对接学院的工程力学的制图课，因为我一直在从事设计工作，像力学这样的课程扔了好多年了，而且上大学到现在这中间很少用到，我只能从头开始备课。

我认为，一个年轻老师刚刚开始从事教学工作，第一轮的备课准备特别重要，我当时把大学阶段的相关专业书全部都通读了一遍，甚至翻开自己以前的上学时的笔记，我的大学时做听课笔记很认真，厚厚的一本。我现在都跟我的学生说，我上大学时候的笔记到现在还在。他们不相信，我就当面翻给他们看。我告诉他们，课程笔记很重要，因为你翻开那个时候的笔记，上面记的一些东西，你自己都记得当时是怎么想的，因为容易出问题的地方，到现在还是容易出问题。

教学的头一年，备课花了很多时间，那时候家里的小孩还小，他没睡的时候你根本无法工作，基本上要等他入睡之后我才开始工作，当时备课到凌晨一两点都是很正常的事情。我备课要备好几轮，第一遍过一轮之后，你可能会有一些不熟悉的地方，就会再过一轮，备课备了几遍以后，到要上课的前一个礼拜，要再看一遍，然后在上课的前一个晚上还要再看一遍PPT，包括自己备课的教案。

刚开始的第一学期，每次上课都感觉很紧张。那时对课堂的把握能力不是很强，我想活跃课堂气氛，就想了很多办法，例如下午上课，学生有时候会打瞌睡，我就提前准备了很多笑话，在课堂上感觉到学生疲倦了，就讲两个笑话，让他们精神一下。那时候我的授课技巧不像现在这么成熟，所以用的是比较粗笨的办法。

上完一学期，学生给我的反馈特别好，我记得系里的教学秘书跟我说，渠老师您第一学期上课，学生对你的反馈意见很好，排名很靠前。当时我认为付出还是有回报的，你认真对待学生，学生就会正面回馈老师。第一学期学生对我的高分反馈给了我很大的自信。

您觉得您在企业的工作经历对您的教学工作有促进作用吗？

渠：有很大的促进作用。就拿我获得国家教学成果奖的那一门课为例，我的课程建设思路、考核思路其实就是源于企业中的很多管理方法和理念。课堂的管理，它不就是企业管理中的过程控制吗？在企业工作，遇到的很多问题很复杂，经历了一件又一件事件，而且解决了那么多的问题，在教学当中就变得容易多了，很多事情会拿捏得相对比较准。

还有，你在讲课的时候可以很好地利用以前在工作中的一些案例来做分享，那样融入课堂就特别的自然，不是生搬硬套。另外，你把工作当中的一些你当时遇到的问题，比如当时怎么想的，怎么解决的，这个过程讲给学生听，他们才会更受益，学生能体验到这种情境，这种形象化的表达就不会枯燥。你有实际的案例，那种生动性就完全不一样。所以说为什么现在要求老师们下企业锻炼或者招来的老师要有企业实践经验，它是有道理的。

后来也有年轻老师跟我反映，说渠老师我们现在也有讲案例，但没有企业实践经验，都是从网上去找的，或者是听别人讲，说得没有深度，您讲起来有深度多了。

您曾上过一门《创新设计》的课，您对这门课是如何进行设计和教学的，请您做一个大致的分享。

渠：我来学校不久后就开设了这门课，当初为什么系里让我上这门课，是因为我以前搞过工程设计，当时我的教学设想是把我以前在企业做设计时候的很多想法和经验融入这门课中来。

当时我印象最深的就是怎么样把《创新设计》给学生讲得通俗一点，如果都是讲别人的东西，我认为讲不出深度来。在我曾经的工作当中，做的设计比较多，可是遇到的困难的是那些设计都是比较大型的，不太方便拿实物和案例给他们看。但是以前工作过程中的一些小点子还是有的，就是解决某一问题时运用到了哪些创新设计的理论。

后来，我决定做课程改革，我开始带学生亲手做一些小的设计发明。我记得带02级的学生参加广东省挑战杯的比赛就拿了一次特等奖。这是我们学校学生拿的最高的一个奖，很多媒体还报道了这件事。我们设计了一个叫"高效摘果器"装置，不是全自动的，是手控的，当时是和中山大学、华南理工大学等本科院校的学生一起同台竞技的，那时在我们学校还是蛮轰动的。通过一年多的教学，学生们发明了很多了设计装置，有一些还申请了发明专利。

很多同事都知道，您和学生的关系特别好，曾经玩具专业的200多位学生，您基本上都能叫出他们的名字。您是如何做到的？

渠：这么多学生名字都能叫出来，这是前几年的事了。现在年纪大了，外边的事情也多，记学生的名字就差得很远了。现在我自己有时候也检讨，就是跟学生交流少了一些。

我有一个经验可以和你分享。我带一个班，我都有一个学生的个人介绍PPT，每一届我都会让学生协助我整理一个出来，PPT里每个学生都有自己的介绍，里面有他的照片、姓名、籍贯、兴趣、爱好、专长、座右铭等，相当于是一个比较详细的学生档案，我会经常去翻翻，看多了，很多同学的名字就记住了。

其实学生很在意你有没有记住他的名字。我给你分享两个故事。第一个，我带04级玩具专业，这个班里的学生名字我全都记住了，有一天有两个学生迟到，我就叫出了一个人的名字，另一个名字没叫上来，当时一下子就给忘记了。后来那个学生就很生气，他没有上完课就先走了，等事后我问他，我说到底怎么回事，我说你迟到了，然后又早退了，他当时就讲，你没有记住我的名字我很生气。

还有一个故事是前几年，08届的学生毕业聚会，他们也邀请了我过去，在敬酒的时候，我叫了一位女生的名字。一会，这个学生又专门走到我身边对我说："渠老师，谢谢您记得我的名字。"所以学生真的很在意你有没有记住他们的名字。

还有一点，为什么说要记住学生的名字呢？现在搞课程改革，学生要过程考核嘛，比方说学生在制作东西的时候，或者说在实习操作中，你在他旁边准备给他做点评和指导时，如果叫不出他的名字会很尴尬，你总不能老问他，你叫什么名字？是吧？另外，如果名字都跟人对不上的话，你怎么对学生进行过程考核；还有，其实对不同的人，你在布置任务的时候，可能在难易程度上要有所区别。能力强的学生你要给他安排重一点的任务，能力成绩差的学生你要给他安排轻一点的任务，这些工作都需要你记住学生的名字，这样才能和他们有更好的交流和沟通。

您的教学观里有提到"教之要义，长善救失"这八个字，请简要谈谈它。

渠：其实我们教学的过程就是个纠错的过程，我们现在这种工科的教学，主要是在做中学，我的任务就是发现学生在做的过程中有问题时去纠正他，然后他才能做得更好。有的时候我们甚至专门设置一些错误，去考验和检验学生会不会在这个环节做错，他犯了错误后，我们再让他纠正。我想犯错并不一定是坏事，我们经常会在课堂上让学生分享自己犯错的经验。我认为错不怕，我们的教学过程就是一个不断纠正的过程，把他的错误全部纠正完了，学生就到了正轨上了。这样的方法在工科类专业的教学中可能更适合。

另外，在我的课堂上，我不允许学生玩手机，也不能发出声音影响到别的同学学习，如果老师讲的课不能吸引到他，他可以看别的有用的书。

如果学生睡觉，我也会叫醒他，因为这样会影响老师的情绪。老师讲课也需要激情，需要反馈，他在那没反应，我跟谁讲？不管别的老师怎么样，在我的课堂上我是不允许学生睡觉的。

请您分享一下您在时间管理上的心得体会。

渠：在时间管理这一块我应该多向你们学院的老师学习，毕竟你们是学管理的。我自己的体会是，在事情慢慢做多了之后会逐步养成一种习惯，例如我有一个任务，虽然当下我表面上没有做，像是有些拖沓，但是其实脑子里头一直在想着这件事应该怎么样来做，只是没有去实施，当快要到任务的时间节点时，基本上想法就成熟了，我一执行下去，做事的效率就很高。

再比如，有时我脑子里同时会想四五件事情，想到这几个任务都要完成，有时突然会感觉甲事可能对乙事有帮助，或者可以合并到一起做，那我就会在实施过程中把它们协同起来，这样就会有更好的做事效果。

从 2002 年到 2007 年，不到 6 年的时间，您就被评为广东省教学名师，8 年后，又被评为国家万人计划名师，您有什么好的心得和体会和我们年轻老师分享？

渠：我一直认为我运气比较好。我们学校在 2005 年搞学校的第一次教学水平评估，我们玩具专业当时获得全国高职专业教学改革试点专业，试点建设之后要验收，验收就要出成果，那段时间就有很多事可以做，做得多了，很多资料和成果就有了一些积累。

特别是在 2005、2006 年那两年的时候，任务越来越多，那段时间我基本上没有 12 点之前睡觉的，好多任务在那个地方堆着，你不做就完不成。我基本没有看过电视剧。别人说哪个电视剧好看，我不敢看，为什么呢？因为一旦看了，怕老想着去追电视剧，所以干脆就不看它，也不想它了。

你刚才问我几年时间出了很多的成果，这也是被逼的。但是我很享受这个过程，虽然说是迫不得已，但是当你完成了一段工作后，你回过头来再看这段生活，感觉特别的充实。所以有时候我们应该学会给自己找点麻烦。比方说精品课程申报，没有谁逼着你报，你自己想报就去申报，你报了之后你就得做；比方说申报课题，也不是说是谁逼着去申报，但是你报了之后就得去做事。

另外，企业和学校有较大的不同，企业的那种压力是特别显现的，但是学校的压力不那么明显，很多是自己找的。比方说我上一堂课，我既可以应付着来上，也可以很认真地来上，我经常说，当老师是个良心活。你可以花十几个小时来准备这堂课，也可以随便花半小时备下课，同样都能应付得了学生。

我到外面去给老师讲课，他们也会问到我的成长经历和体会，我会跟他们说，做老师要有"三心"：用心、尽心、爱心。首先你要用心，用心是什么？就是想着把这个事做好，把这堂课讲出彩；其次你要尽心，尽心是什么？就是你在心里要时常问自己，你有没有做到最好？有没有尽心尽力地去做这件事情？最后一个是爱心，我们这些事情的源泉或者动力来自哪里？不就是想把学生教好，这就是对学生的爱心。把这三点做好了，基本上就算是一位合格的老师了。

总结归纳一下，您认为促使您成为高职院校教学名师的外因和内因主要包括哪些？

渠：内因主要包括勤奋努力和体质精力。勤奋不一定出成果，但是你不勤奋一定不会出成果。体质精力也很重要，像我讲一天课没觉得累，我也愿意在课堂上走来走去，有的人体质不好，不会像我这样在教室里不停地走，在学生中间窜来窜去。如果一个人体质不好，他精力会很难集中，那他的思维也会受限，也就没有那么多的创新点出来，其实我很多的灵感都是在课堂上产生的，精力不够肯定不行。

外因的话，包括有家人的支持、学校良好的氛围、机遇、领导的鼓励、团队的协作，这几点都有。如果你的家庭有积极进取的氛围，家里人对你的工作会给以支持，如果家里头是拖你后腿的，他们就会说，做得差不多就行了，干嘛这么用心。另外，学校氛围也很重要，像我们学校那几年出那么多成果，也是整体的大氛围比较好。还有，那几年机遇好，遇到省示范校、国家示范校、重点专业的建设，跟着学校一起成长，出了很多成果。再有，领导的鼓励也激励了我的成长，当时建省精品课程，我的信心并不足，何友义副校长就鼓励我们团队，说好好准备肯定有希望，结果第二年这门课程就升级为了国家级精品课程，如果有领导和同事非常自信的支持你，把你推了一把，你就更有冲劲了。最后，除了领导，团队也很重要，你自身的努力，再加上团队的协作，一些大事才能够做成，像国家级精品课程的建设，一个人是很难把它做好的。

十几年来，作为一名一线的教师，您是怎样让您的教学工作充满热爱和激情，以克服工作和职业倦怠的？

渠：作为一名教师，对课堂要充满敬畏之心。你想想，如果你在教学上倦怠了，你一节课要影响几十号人，面对那么多学生，如果对这部分内容没有讲清楚，或者说讲漏了，让他们没有掌握好，这肯定是对学生不负责任的表现。

从另外的一个角度讲，做一行，就要爱一行，还是要对教师这个职业充满热爱。我其实是蛮喜欢跟学生在一起的。这也形成了一种良性互动，你课讲得好了，学生都眼巴巴地望着你，你就能感觉到学生跟你是一直有交流的，那么你上课就更有乐趣。老师的这个兴奋点跟学生是一样的。这是我为什么会有激情和乐趣的主要原因。只要良性循环下去，学生对你认可，就可以激发老师的教学热情。你会更愿意讲，讲得越好，职业幸福感就会更强。

要保持这种课堂效果，那你必须抓住学生的特点，你讲的东西确实对他们有用，你如果讲枯燥的东西，他们肯定不喜欢。

您生活中有哪些兴趣和爱好？

渠：我个人的兴趣爱好有很多，我喜欢体育运动，篮球、羽毛球、乒乓球都喜欢，我现在最喜欢乒乓球。我中学和大学都是我们学校的篮球队队员，我虽然个子不高，但是喜欢打篮球，羽毛球也打得不错。后来我年纪大了，怕受伤，我有一段时间腰疼，打羽毛球要急停，启动步频要快，对腿会有些伤害，就不太适合打羽毛球了。其实球类运动我都是蛮喜欢的。

我加入了学校乒乓球协会，我们每周的周二和周四晚上都会去南郊打乒乓球，我们学校有一拨人，系里头有一拨，还有原来我工作的开关厂有一拨，三拨球友，我们打的频率比较高。

我也是CBA的球迷，我去现场看过多次宏远队的比赛，宏远队所有球员的名字我都能叫上。

我在看球赛的过程中，还悟到了一些对我课程建设有帮助的启示。如，我有一门课程，整体的系统课程设计一共是6个情境，10个项目，我设计一个完整的项目，从头到尾做一个完整的产品，其实在一开始是做不出来的，只能把它分散成若干个小小的技能锻炼，最终汇集成一个总的技能。这很像打篮球，打篮球你要去做几项技术的专项练习，如运球、投篮、传球、助攻，等等。在进行技能训练时也应该这样，你先来进行运球训练，球运好了你才能去投篮。你投篮投好了之后你再传球，然后再来和队友进行配合，最终打完一场篮球，你要完成一场篮球赛，你必须有这几项单项技能做基础。你没有这几个单项技能，你就不可能在篮球场上完成整个比赛。

我当时就想，可以把这种想法跟我们的课程开发结合起来。所以我在搞课程开发的时候，我就设计了的若干个小任务。这些小任务就是分项的小技能，把这些小技能积累起来之后，最后完成一个比较大的完整的项目，或者完整的任务。

还有给学生分组，也可以借鉴体育比赛中的经验，课堂上不管是随机分组还是自主分组，有时分下来，各团队之间的实力差距很大，作为指导老师，你可以像球场的教练一样，可以对各团队进行一下调配，保证每个团队都有种子选手，以此来缩小团队之间的实力差距。

您觉得运动健身对工作和生活有大的助益吗？

渠：有的。不少同龄的人都觉得我的精力很充沛。这么多年来，我几乎很少去医院看病；另外，我中午也很少午睡。一天下来，精力都很好，我认为能有这样的状态和长期保持运动健身有很大关系。我主张玩的时候尽心尽力地玩，什么都不想，玩得筋疲力尽，汗都出透的那种，工作的时候你就不要想其他了，你玩够了，工作起来效率就会很好。如果玩的时候想着工作，工作的时候想着玩，那就什么都干不了。该玩的时候就玩，我常跟学生们讲，不要天天在宿舍里耗着，学不进去的时候就去玩，打打球健身一下，玩完之后，你学习的效率会很高。

您有喜欢的座右铭或励志语分享给大家吗？

渠：我在外面讲座，最后一般会有这么一句话和大家分享，就是"不怕大事做不了，就怕小事做不好"。还有一句话和年轻老师们分享："做老师的最高境界就是让学生把学习变成一件快乐的事情！"

国家级教学名师张来源教授访谈录

名师简介

张来源，男，1958年5月生，国家级教学名师，教授、高级平面艺术设计师，历任广州番禺职业技术学院艺术设计学院院长、全国教育行政管理学术委员会委员、中国艺术人类学理事、国家示范性重点建设专业——装潢艺术设计专业带头人、国家级教学团队带头人，通过十余年的高职教学探索与改革，特别是在国家示范性建设中，形成了一套适合高职艺术设计教育的"技能+项目"教学模式，所主讲的《色彩》课程被评为国家级精品课程。

2006年以来先后主持了广东省高等教育教学改革工程项目——设计类专业创造性思维与创新能力的培养与开发；广州市高等学校教育改革项目——设计创造学的建设与实践；广州番禺职业技术学院重点课题——装潢艺术设计专业人才培养模式改革与实践等研究课题，均取得较显著成果。主编出版了《华文设计经典》《华文地产广告经典》《中华元素设计经典》《亚太室内设计年鉴》等专业书籍，编著出版了《设计构成》《平面版式设计》《广告艺术设计》等教材，近年撰写论文，创作美术作品二十余件，分别在《美术观察》《艺术评论》《艺术教育》《包装工程》等专业期刊上发表，获广东省高校教学成果一等奖和二等奖各一项，完成的企业设计项目在全国性设计专业比赛中获得金、银、铜及优秀奖十余项；设计制作的皮具产品先后参加了2009年意大利加达国际皮具展、2010年及2011年德国杜塞尔多夫GDS国际皮具展，2007年被授予广州市"优秀教师"称号，2010年被评为广东省"教学名师"。2019年9月，在北京参加全国教育系统先进集体和先进个人表彰大会，受到党和国家领导人亲自接见。

访谈纪实

张老师您曾经在江西的艺术学校做过老师和领导，后来又去了深圳发展，最后又回到学校，让您最终决定选择教师作为您的职业的主要原因是什么？

张：我当时从赣南艺术学校出来，就是想肩上没有了担子，当时做副校长，还兼职做了赣南画院的院长，画院下面有四个公司，全赣南最大的广告公司都在我们学院。为什么后来要去到深圳，20世纪90年代，很多人都讲"孔雀东南飞"，我是想试一下自己有几斤几两。去深圳后我了做一家公司的总经理，给我的待遇挺好，在20世纪90年代，基本工资就有8000多，可以一年两次双飞回家，公司还单独给我安排了大的套房。

最后我还是离开了深圳，我想最核心的原因是骨子里我还是热爱教师这个职业。我以前读的是师范，内心有老师的情节，尽管当时也有各方面的诱惑，但一旦我站在十字路口的时候，还是会听从内心深处的声音：要做一名老师。

来我们学校也是一个机缘巧合。20世纪90年代MBA很流行，我报读了澳门公开大学的MBA，它在我们学校开设了教学点，我来这里参加培训学习，当时恰巧看到学校招聘教师的信息，这是我来我们学校的机缘。

您刚来学校上了《素描》这门课，当时的教学大致是怎样的？后来是如何对这门课进行教学改革的？

张：我刚来这里上这门课就很受学生欢迎。当时我一个星期上30节课，三个班的基础课基本上是我一个人包了，那个时候学生很厉害，让我没有什么时间可以离开教室，到了中午，午饭都是学生打过来在教室里吃，我们全部在那里一直画。这个课有它的特殊性，它是一个技能课，技能课不可能说45分钟一到就下课，到铃声响时，他们很多作品根本没有画完，有些学生吃完饭后还要来画，他们画完以后，我要点评，要示范给他们看，示范的时候，我要把一张东西完整的示范下来。那几年，我和学生建立了很深厚的感情。

那些年教过的学生里有印象比较深的学生吗?

张:有几个,其中有一个叫秦雅慧是我们学院01级的学生。去年全国高职的艺术设计教学指导委员会在上海开会,在全国高职里面选三个优秀毕业生,有一个就是她。这三个人代表了全国艺术设计的优秀毕业生,这三个中的第1个是我们国家的珠宝工艺美术大师,上海工艺美院毕业的。第二个是南京一家上市公司的艺术总监。第三个就是秦雅慧,她是一家企业的创始人,在上海做珠宝业务,她和南非的一些钻石企业是合伙人关系,英国有一个爵士企业品牌,她们公司是这个品牌在中国市场的首席代理。

这个学生当时在学校,专业学得并不优秀,绘画不出众,穿着也很普通,她在学生心目中也没有什么威望,在班上一点都不显山不露水。但是我为什么就看好她?我为什么像这样一个很普通的学生,我一直跟踪她?我就发现她身上有一种特质,她很有想法,很有思想。

很多人都知道您是一位很有想法的院长,请谈谈您的教育理念。

张:每年九月份开学时,我会给艺术学院的学生上一两次课,我会告诉学生,读大学学什么?学知识、学文化、学技术,用知识和技术作为自己的核心本领,然后去就业来养活自己。这些看来都是天经地义的,你说这有没有错?没有错,这都是公认的一种认识。但我不同意。我认为不是这样的。我认为读大学,第一不是学知识,第二也不是学技能。我会向学生明确表达:有三个比知识和技能更重要的东西,第一是学方法,第二个是获得一种能力。什么能力?就是解决问题的能力。如生活管理的能力、时间管理的能力、人际关系的能力,等等,这几个都很重要。只有解决了这些能力,学生才能踏踏实实学习;第三个是形成自己的思想观念,它包括价值观的形成,我们为什么要开这么多讲座,这些讲座就是为了提升学生的眼界和思想,慢慢地再形成他们自己的思想价值观。这是一个大学生最重要的三样东西。

这些方法、能力、观念,它不是飘缈的,它都是通过我们的课程、我们的活动、我们的课堂以及我们的专业和班级,通过这些载体来获得的。

您还上过一门课《色彩》课，也做了不少的教学改革，请您大致谈谈这门课。

张：我们以前上色彩课都是像美院一样，画人像、画石膏、画静物。但是我认为职业院校是搞实体的，这些和我们的关系不是很大，和室内设计专业关系不是很大，所以我就开始进行教学改革，我带学生们开始画家具、画陈设品、画摆件。这是我的第一次教学改革。

后来又开了一门"快速表现"的课程，这是进一步的教学改革，职业教育面对市场，面对职场，客户讲完他的需求，你就要能快速地把效果图给画出来。当时这门课没有教材，我们自编讲义。到后来，我们对这一块教学改革的整体要求是不再画人物画和风景画，要结合市场的实际需求来设计教学内容。后面几年，全国高职院校的艺术设计专业基本上也是这样的做法了。

您在实训室的改革这一块也有不少亮点，请您分享一下。

张：实训室，一是实，一是训，我认为它还是有缺陷的。我们太注重技能，真正的技能教育不在于技能本身，而在于这个技能的应用和运用，要把这个技能真正运用到实践工作中去。

在教学和实训中我们运用了项目法和工作任务法，目的就在于运用它。我为什么要用项目法？我为什么要用工作任务法？我想获得技能是前提，但它不是最终目的，终端目的是真正会用技能，真的做到学用结合。

针对皮具专业，我们的做法是把实训室升级为工作坊，通过学生做了多少个包、多少双鞋、多少副眼镜等产品来衡量他的技能水平。针对装潢艺术设计专业，我们建设了鞋包、眼镜、影像等小型模拟商场，为学生提供了商业买卖环境设计、卖场装点设计、商场美化布置等实训项目，其商品都是学生在实训室制作的产品，学生通过这一系列的练习，真正让他们体会到设计的应用性和市场性，还有如何控制成本。

您作为一院之长，既要做行政又要上讲台，同时也有不少学术成果，还是多家公司的顾问和策划设计总监，您是如何兼顾到位的？

张：同时兼顾是很难的，毕竟时间有限。我是这样做的，比如有些企业我只是做它的策划总监，把握方向就可以了，它可以依我的时间来定。但你做的总监不能太多；还有做公司的顾问，可能就是专门把关他们某一块的工作，不需要经常操心。但是无论你兼也好顾也好，你一定要解决处理好一个问题，就是要和你的专业结合在一起，这样就形成了一致性，这个是最核心的。这样的话，可以把校企合作做起来，会做得更实。如此下来，既能解决学生的实习和就业问题，还能解决教师在校企合作中的很多其他问题。

在您的名师心得里，您写过这样一句话，"敬业爱生，在教学教书育人方面多一些博爱之心。"请您谈一下对博爱的理解。

张：我理解的博爱是这样的，它包括两方面，一是深度，一是广度。广度就是尽可能关注到大部分的学生，它是我工作的灵魂。博爱，不是说我给学生谈谈心，给他捐助点什么就是博爱。我不认为是这样，我为什么讲它是我工作的灵魂？我的骨子里是把学生放在第一位的。这样我就会想出好多工作中不足的问题，比如说刚才讲的实训室，我想实训室建设好的标志是最终学生要能很好地用到它。这些就是反映我博爱的典型例子。

现在做了一院之长，我要对全院学生负责，我要让全院学生受益。现在不仅全院学生受益，我们最近开了个会，我们可能还要给很多学校做示范。要把我们的教学经验、实训室的建设经验推广到其他兄弟院校。我们现在在国外开了教学点，有新加坡和意大利的学生来我们这里学习，在国内好几个地方也开了教学点，例如江苏宜兴，还有西藏。

我认为博爱没有界限，也不能确定一个具体的概念，我始终有一个理念，我把它叫作"串珠法"，我的课程教学、专业改革、示范性建设、研究课题，这些都是一粒粒珠子，都是围绕"服务学生"来开展的，这些珠子一一串起来，就是关注学生成长的"项链"了，以此体现了整体的博爱。

您还说过一句话，"学生是教师的一面镜子"，请问您是怎么理解的？

张：我们老师也有很多缺点，有很多不足，不要因为自己的缺点和不足就不敢照这面镜子。镜子可以照别人，其实更重要的是照自己。

我要让学生照，我想让学生看到老师好的一面。老师敬业的精神，专业的能力和水平，还包括老师的人格魅力，甚至老师的笑容。

另外，镜子要多照一下自己的缺点。比如说面对公和私的问题，为什么会有纠结？这时你照照自己；在家庭和事业方面，你怎么处理？你可以加班加点，做出一些家庭的牺牲，因为你在这个位置，事情也多一点，你不能说你很大公，你就让你的员工也经常跟着你加班或熬夜，这样是不对的，这个时候也要照照自己。

张老师您平常有哪些兴趣爱好？

张：其实我有挺多的兴趣爱好，除了工作以外，过去我很喜欢下象棋。在20世纪90年代，中国有个游戏平台叫"联众"，我是那里的常客，我直接可以打到二段。那个时候下棋上瘾到什么程度呢，在网上深夜一两点钟，对手下了一着棋，我已经睡着了，过了一定的时间，平台的系统会发出叮咚一声提醒你，我就会睁开眼再下一着棋。后来，我告诫自己这是玩物丧志。其实任何人都会有缺点，出现缺点并不可怕，怕就怕在你不认它，你不知道这是缺点，怕就怕在你肆无忌惮，后来我索性把联众的软件卸载掉，就再也没有下象棋了。

体育项目也是我的爱好，投掷项目我很强，投一个羽毛球可以投到10米以外。我每天早上做仰卧起坐三四十个，俯卧撑三四十个，还经常走路，能走就走，能跑就跑，能站就站，尽量不坐，有时候我是跑步去一号行政楼的。我会随时随地锻炼，办公室也有哑铃。

我健身的心得是，千万不要规定自己一定要每天锻炼，你记住，哪怕是一个星期都没锻炼，没关系，你下周接着锻炼就是，就是不要把它圈死，这样你下次就更不会锻炼了。我是这样的，有时工作很忙，健身会断掉，会感到理亏，但我随时又可以拿起来。我见过很多人，因为中间没有持续就不坚持了，我就劝他们，你们可以继续做。我的体会是随时随地都可以锻炼。

最后，张老师您有没有比较励志的话或好的人生感悟分享给年轻老师？

张：我喜欢想事，思考的问题比较多，我在工作中会经常思考"深与浅"这两者的关系。就是说做事要多想几个为什么，做之前要想好怎么做，当让别人真正做的时候，要想如何让他们变得简单一点，这是我所追求的。深的留给自己，自己想透、想好之后，把浅的留给别人，以便让老师和学生们简便易懂、简便易行、简便易做。要总结的话，就是深与浅的辩证关系，或者繁与简的辩证关系。

广东特支计划教学名师
余明辉教授访谈录

名师简介

余明辉，二级教授，硕士研究生导师，现任广州番禺职业技术学院党委委员、信息工程学院院长，国家级职业教育教师教学创新团队带头人，全国石油石化职工计算机技术能手，广东省特支计划教学名师，南粤优秀教师，广州市高层次人才。广东省智慧职业教育大数据工程技术研究中心主任，广州市技术成果转移转化示范基地负责人，广州市区块链产业学院院长。全国工业和信息化职业教育教学指导委员会委员、计算机类专业指导委员会副主任委员，广东省终身教育学分银行专家委员会委员。获国家教学成果二等奖2项（主持1项），主持研制高职国家专业教学标准1项，主持建成国家精品课程和国家精品资源共享课程，主编出版国家规划教材4部，其中1部被评为教育部普通高等教育精品教材。主持全国教育科学规划课题1项，论文被人大复印报刊资料全文转载，参与研制国家标准和电子行业标准各1项。

访谈纪实

请您大致谈一下毕业后的第一份工作。

余：我是1985年大学本科毕业，分配到中国石油化工总公司岳阳石油化工总厂广播电视大学，从事成人学历教育和职工培训。国有大型企业有完整的职工培训体系，包括管理、技术、生产，有管理专家的培训、装置专家的培训、车间主任的培训、班组长的培训、操作工的培训，单位还是中石化全国班组长的培训基地，承担全国石化系统的培训任务。我在企业信息化和计算机应用普及方面做了很多工作，除计算机普及培训外，还通过组织竞赛活动来提升职工计算机应用水平，如组织职工参加岳阳市、湖南省和全国石油石化系统的计算机大赛，在岳阳市连续两年拿了冠军，包括团体和个人。我代表单位参加全国石油石化计算机应用大赛，获全国石油石化职工计算机技术能手称号。

您从一个企业的培训师到学校的老师，在这个角色的转换过程中，您觉得变化大吗？

余：我认为这是一个自然的过渡，我在企业的主要工作就是做职工培训，做企业信息化方面的培训，还参与了装置的技术改造，包括管理信息化系统的完善和升级。

我到这边来做高职教育，应该说和职工教育差不多，我以前的主业是做职工的职业教育。在大型国有企业，它的管理非常规范。一些做事的风格和管理的理念都比较严谨和前沿，包括ISO国际标准的应用，就是标准化、规范化、精细化流程管理。质量体系认证的内审和外审很规范，事前有规划，事中有实施，事后有总结。所以，我在企业工作过的这些方法、理念和经验都可以灵活运用到高职的教育中来，这个角色的转换是一个自然过渡的过程。

您在《综合布线技术与工程》这门课程上深耕细作，出了很多优异的成果，请分享一下您对这门课程的建设开发历程。

余：这门课在我着手改革之前已经有了较好的基础。后来我又结合我在企业的工作经验实施了一些改造。我当时的想法是，这门课程应该是一门理论和实践相结合的课程。综合布线技术是20世纪90年代才从美国引进来的技术，它比较新，我认为它是一个挑战；另外，这门课程的一个重要特色就是强调让学生操作，在实操方面，我们建立了一个比较完整的理论与实践一体化的教学体系。这门课程的教学主要分为四步：首先，让学生认知，看看这些产品，比如说我让学生先看看实训室的这些胶线、光缆、插件、水晶头等，同时，老师会一一给学生们讲解这些配件产品的功能和特点，让他们先了解这些配件是如何对应和连接的；其次，对学生进行基本技能训练，比如说让学生做一条网线，老师示范以后，掐着秒表算时间，一是检测学生做的质量，二是看他们做的速度，这是一些基本的技能训练；再次，我们的实训场地里有一栋模拟楼，模拟一个小的工程，让学生将整个的工程过程做一遍；最后，就是真正的实战了，我们承接了学校的一个上百万的网络布线工程项目，让学生直接到一线去参与实战。

您让学生在一线直接参与这个项目的实际操作，当时您有没有什么顾虑？请您谈谈当时的想法。

余：当时做的时候有一些顾虑。因为这是学校里的老师和同学到时要真正用到的东西，它是学校里一个真实的校园网络项目。现在回想起来，我还是要感谢学校领导。他们敢于相信我们，让我们来做这个事情；然后也要感谢我们原来的网络中心，还有教务处及相关的职能部门，他们支持这个事情，敢于让我们来承担这项工作。

在做的过程中，经常收到各种各样的投诉，非常麻烦。我后来想，要把这个事情做好的话，要从两方面着手，第一是标准化，这个我之前在国企学过。一旦按照网络工程公司的规范标准去做就会省心很多。第二个，让企业介入，当时我们的合作企业给了我们较大的协助和支持，我记得第一个工程是367个信息点，我印象非常深。第一个工程就是我们现在5号楼C座，合作企业当时派了4位工程师来支持我们。后面我们网络中心去验收的时候，也都是按照国家标准的规范来验收的。

当时做这件事是非常有压力的。如果出了安全事故，学校会承担很大的责任，毕竟我们的很多实训是带电作业的，还有一些是登高作业。我把在国企里用到过的三级安全教育都用上去了，学生都有制服、工作服和安全帽，登高作业有安全绳，带电作业必须严格按安全规范要求去做。最后，我对结果感到挺欣慰，那几年做了那么多工程，我们是经受了考验的。

做的这个事情有几个好处，最主要的好处是锻炼了学生，现在回过头来看，我们学院很多毕业生的专业水准在珠三角地区名声是摆在这里的，大家都说这是通过在学校的工程项目历练出来的。很多人现在都是技术骨干，有的学生做了几年以后自己创业开公司了。第二个好处是为学校节省了一些建设的经费，特别是工程费这一块。

在教育学生这一块，您比较推崇赏识教育，在您曾经的教学实践过程中，您是如何实施这种赏识教育的，能否举一两个例子？

余：每个人都有他的天赋，高考的这种选拔方式没办法发现这个，进入大学以后，作为老师，我们要用心去发现学生的天赋到底在哪里，他适合做什么工作，适合在这个行业的什么岗位。从我们的专业角度上看，学生的未来有三个职业发展方向，一是技术，二是管理，三是做业务。在我们平时的教学过程中，很难发现学生的天赋在哪里，因为老师跟学生的沟通交流少，只有通过实训项目，你才能更好地发现哪些学生组织能力比较强，哪些学生技术方面过硬，哪些学生在人际关系和口才方面表现出色。作为老师，当你发现不同学生在不同方面的天赋以后，你就要有意识地进一步去提升和加强他们这方面的能力，并不时给他们一些鼓励和赞赏。

在来学校工作的十多年时间里，您出了很多的成果，不管是在教学和科研上，还是各种比赛及社会服务方面都卓有成效，您又多次被学校、番禺区、广州市评为优秀教师，去年又评上省级教学名师，请谈一下您在工作和获奖上的一点心得。

余：首先你要热爱这份工作。你喜欢了这份工作才有兴趣做事。当然我们还需要有一份责任。另外的话，要学会给自己一点压力去做事。我从事这份工作，我就要做好这个事情，我才有这个饭碗，要么不做，要么就把它做好，做得出色一点。这是我的一点体会。

荣誉是对个人工作的认可。就我个人来讲，应该说是有一份责任在里面，工作上总是想把这个事情做好，你做好了，成果自然出来了。我们不要在做的时候就想着自己要得什么荣誉，你把事情做好了，大家自然会看到的。应该说是一分耕耘一分收获吧。

生活中您有哪些兴趣和爱好？

余：我的兴趣挺多的，我在企业工作时喜欢打桥牌，但现在没打了，年轻时还喜欢踢足球。我现在会看看书，喜欢看一些历史方面的书。现在也喜欢散步健走，微信里有一个运动的记录。我每天大约走 10000 步，身体锻炼还是很有必要的。

回顾 30 多年的职业生涯之路，请您分享一点人生感悟给年轻人。

余：实在做事，感恩做人。在做事方面我主张要踏实、实在、务实。做人的话，要有一颗感恩的心。人有了感恩，才会去做好这个事情，如果不感恩的话，遇到一点点挫折就老觉得社会对不起我，单位对不起我，别人对不起我。那么这个人自己会过得也不开心，做事也很难往正确道路上去走，这是我的一个感受。另外，做什么事情，出发点都应先从好的地方去考虑，尽量往好的地方去思考问题，这样的话就不会沉沦。

广东省教学名师曹干副教授访谈录

名师简介

曹干，男，1958年8月生，江苏人，硕士，副教授，广东省教学名师，中国美术家协会、广东美术家协会会员，高级商业美术师，国家商业美术师职业培训师，国家技能鉴定高级考评员。现任广州番禺职业技术学院艺术设计学院副院长，国家示范性重点建设专业群——环境艺术设计专业带头人，学院第二届教学名师。广州市第一批高等学校教学名师。

长期从事艺术设计教学与创作。曾担任艺术设计、书画、陶艺、日语等40余门课程的教学。主讲的包装设计课程2007年被评为国家级精品课程。2009年，主持的室内设计策划课程先后获广州市精品课程、广东省精品课程和国家精品课程。

1992年公派赴日本研修，受聘于日本锦江株式会社，从事艺术设计工作。为企业创造经济价值逾亿日元；被南京视觉艺术中心、石家庄雅歌环境艺术设计有限公司、深圳号角设计公司等多家企业聘为设计总监、设计导师与艺术顾问。

2006年以来，主持国家示范性重点建设专业群建设、广州市示范性专业建设。创建了"专业——基础——专业"的项目课程体系。发表教改论文7篇。编著出版教材4部，其中3部为高职高专教材，1部为"十一五"国家级规划教材。已完成和在研课题7项。

作品多次在国内外公开发表和展出。出版美术专著6部。在日本、中国台湾等地多次举办个人作品展。《游乐图》等多件作品被收藏于日本东京富士美术馆和锦江艺术馆。曾获国家文化部、教育部、广电部、新闻出版署一等奖,广州市教学成果一等奖,广东省教育厅"园丁奖"及"广州市优秀教师"。

访谈纪实

曹老师,您1992年去日本的锦江株式会社做了一年的艺术研修工作,请聊一下您在日本的一些收获和体会。

曹:我没有去日本之前就对这个国家比较感兴趣,在20世纪80年代初,我就开始自学日语,那时刚开始改革开放。1978年,当时刚恢复高考,我就参加考试了,当年我参加南京艺术学院的中国画专业的考试。体检都过了,那时恢复招生的时候比较乱,后来教育部门一下子缩减了招生计划,我们考过的这批人就悬在那里,当时的宜兴陶瓷工艺学校,他们正好需要人,他们就给我调档案。最后,南京艺术学院没录取成我,我就直接被宜兴那所学校录取了。我在那个学校待了不到一年就提前留校了。之后,学校把我送到南京艺术学院继续进修,回来以后就直接在学校当老师了,一直担任中国画的教学工作。过了几年,因为我在自学日语,刚好1992年有一个机会,江苏省省政府有一个研修公派的学习项目,是针对日本鹿儿岛县工业俱乐部机构的研究,我又是学美术的,他们就派我去学习陶艺。

我觉得日本对我的影响很大,去之前,我看了很多关于日本的报道,包括一些电影和电视,但我所了解的日本其实并不完整。到最后,我发现日本其实根本不是我们原来所说的那样子,这个国家很现代,那边的朋友对我也非常的热心。如果没有他们的帮忙,我是很难有所成就的。在那里,除了我自己研究我的专业之外,我还画了一些画,搞过三次画展,这些事情都有他热心的帮助,从媒体到展览机构,最后到宣传,全是日本的朋友在帮忙。

您觉得日本人除了热心以外,您还从他们身上学到了什么?

曹:日本这一年的学习对我影响很大!他们做事非常认真和敬业。后来我很多做事的好习惯都源于日本一年的学习和熏陶。另外,日本人对事物有一种敬畏之心,他们连吃饭都一定要双手合十。他们相信万物都有灵性,一切都是有灵魂

25

的，他们不光是对人，他们认为动物、物品、仪器都是有灵性的。所以他们对于很多事物都特别认真，不敢怠慢。比如做一个木头的工艺品，它下架的时候，一旦这个料下错了，浪费了物料，他一定会对这个物料表示深深的歉意，这是对材料爱和尊重的表现。

他们心怀感恩和敬畏去做事，会把事情做得更好。我看过日本的一个纪录片电影《寿司之神》，它就是讲一个日本人做寿司，几十年如一日，他对这个职业怀有一种敬畏之心，一年365天，他自己很少有休息日，他对寿司制作的每一道工序，包括原材料采购的把握都非常严格，这就是日本人所讲的职人精神。

您亲眼见证和经历了艺术设计学院从无到有，从小到大的这么一个过程，您和其他几位院长都付出了很多艰辛和努力。我知道您在教改的过程中对专业的改革提出过有机整合的思路，请您聊一聊这件事。

曹：这个事情确实也是我这几年所做下来的那么多事情当中我觉得无怨无悔的一件，我在这个岗位上经历了40多门课，涉及艺术学院的艺术设计类多门课程，从基础到专业，我都上过，专业基础课里面涉及素描、色彩、构成等课程，到目前为止，我们所有的本科院校还在继续上这些课程。

我们不同专业门类，像平面广告、环境艺术设计、产品造型这些课程，我深刻地知道它们所在专业跟技术之间的关系，知晓它们对专业课的影响到底多大，后来我发现那种所谓的基础课，上了那么多，后来反而没效果。我们在高职这一块，学生的在校时间跟本科没法比，他们只有两年半时间，如果我们把很多时间花在打基础上面，我认为没有必要。尤其像我们的很多学生，之前他们都有很好的基础，都是学素描、色彩、构成的，如果我们在学校里再重复上这些基础课，对学生的专业成长是不利的。

从2007年开始，也就是学校示范建设的那一年，我们对课程进行了颠覆性的改革，我们把素描、色彩、构成这些课程给取消掉，我们把这些内容放到我们项目里面去，就是把原来所谓的那种先基础再专业的概念，或者先素描、色彩再专业的理念给打乱。我们认为，动手先做事情很重要，我们先从专业入手，先让学生认识自己的专业，自己能干什么？先做，然后根据每个学生的情况再去补基础，然后再回到专业，就从专业到基础到创业这样一个过程，因为这个改革，后来在广东省的艺术与美术年会里面还拿了一等奖。

学生在三年的专业学习过程中是如何递进的？

曹：大一第一学期，学生刚进校，一开始我们做认知性的教学，以前学生没去做过，比方说我们做家装的，让学生先知道家装是什么东西，你在做什么，我可以给他很小的户型做，让学生知道家装原来需要设计，然后让他们知道这个需要哪方面的知识和技能；我们再教他们一些相应的基础性的知识技能，我们让他们在做的过程中同时训练，然后在训练过程中提高技术，同时也认识专业，之后再提供更大的项目给他们做。

我们环境艺术设计专业的人才培养方案，我们是有做项目引领的，大一第一学期，学生过来就是做项目，做小户型的项目，一个学期做小型的。大二就做公共空间的酒店设计，也就是它的空间从小到大，它的难度从简单到复杂，经过多次的从简单到复杂的循环，学生的技能就会越来越强。

你们学院的项目化课程非常的接地气，学生学以致用的能力很强，你们是如何做到的？

曹：我们设计专业的课程教学思路就是以设计师的整个工作流程来设计安排的。比如一个项目，我们拿了项目之后应该怎么做？应该是先做调研，再寻找灵感，再搜集资料这些东西，再画概念图，然后再继续深化，最后再去实施和制作。

我们不再是纯粹为教学而教学，为课程而课程，这个跟我本身在做这个事情是有关系的。如果自己不会做设计，你去做课程改革就会有难度，我本身就是设计师，我本来就做了很多东西出来，我肯定可以把握好。

另外，所有的基础课、专业课我都上过，我觉得我这样做是完全可以实现的，后来我们出了一本叫《美术设计基础》的教材，还被评为"十二五"规划教材。就这么薄的一本，把我五六门的基础课都全部融在一起，里面包括有美术历程、美术常识、图形基础、构图、素描、色彩、立体画、综合设计等。

您在学校有教学和管理的任务，您还担任很多家公司的艺术总监，请谈一下您时间和精力管理方面的一些心得和体会。

曹：对我来讲这是比较累的。你兼职也好，管理、教学也好，还有设计，你肯定要有时间付出才行。比如建筑这块，通常一般的是针对某些项目，就利用假期去做；还有设计，我们学校不少的设计是我做的。大到校徽，小到名片，从学校东门门口校训的碑石，再往里图书馆里那些浮雕和室外的一些雕塑、楼梯浮雕，还有陶艺吧的建筑。这些事都是我做，都耗费了很多的时间和精力，并且都是无偿的，

做这些事确实累！但是我这人就是这样的，我原来讲过，一些事情你可以选择不做，因为多你可以不选，毕竟人的时间精力都有限，你也可以选择去做。有些事如果是压到你头上，必须得做，或者说你也想做的话，也就没什么后悔或者怨言了，如果你愿意投入，你就去做好了，我也不会去表现给别人看，别人讲怎么敬业也好，讲其他的也罢，我没有任何的想法。自己觉得应该去做，投入进去做了，就无怨无悔。

您累的时候往往是如何休息和调节自己的？

曹：我倒也没什么特殊的方法，就想睡觉，总觉得睡眠不足。我经常加班到凌晨几点，现在这个年纪还经常通宵。比如说以前搞精品课程的建设，不知重拍多少次，要弄的东西太多了，像精品资源共享课程，好多都是我一个字一个字写出来的。我几乎没什么助手，自己不想去麻烦别人，我这个人有个坏毛病，追求所谓的完美，通常是很急的活，不会去找别人，怕拖延影响进程，或怕质量有问题，我还得重新做，反而耽误时间，

你曾说过课堂很神圣，请您谈一下您是如何备课的？

曹：我这个人有一个习惯，不太喜欢重复，哪怕是两个班同时上一样的课，一般我都不会完全一样讲。我要是上同样的，我认为好无聊和枯燥，所以我每次上课之前都要把 PPT 重新做一遍，课件我都是一直更新，

你在做教学设计时，要想到一节课 45 分钟的时间，怎么能让学生不时兴奋一下，你不能在讲台上只顾自己拼命的讲，这样学生就睡觉了。所以你从心理学

角度，得考虑一下他们的感受，备课的时候更多的是要考虑一下你的学生，考虑你的课时长短，考虑你自己内容的设置、内容前后的关系、动静的关系，你看哪些地方是不是要发问，让他们思考，这个是有很多方法的。

如何让优秀的学生更优秀，或者让不一般的学生变得优秀起来，请谈一下您的教育体会。

曹：我对学生的教学培养，第一个是尊重学生，我很少去批评学生，哪怕他做得比较差劲，也很少用很严厉的词去批评学生；第二个是我主张鼓励和赏识教育，我要鼓励他们，就是说尽量给他们信心，学生刚来啥都不懂，我们往往会把学生想得很聪明，其实有时候你真的要把他们想得笨一点，要从很简单的地方开始去跟他说，他只要有一点点进步的话，你就要鼓励他。

我曾教过全院的书法选修课，有些学生没有任何书法基础，他们把作业拿上来给你看，你如果按正常的专业的角度来看，可以说不能看，有些学生，他们字写不好，自己又不认真学，随便写一下弄完了就交过来了。这种情况下，我会把这些作业挂起来，我一个一个字的很认真的评价，这样，他们自己会觉得不好意思，学生会在心里想，老师在这么用心的点评我的作业，我自己却没有认真地去做，真是不好意思，下次我应该认真地完成作业。

您在教书法的过程中，对那些零基础的学生，他们交出来作品又这么差，您是如何点评和发现他们的优点的？

曹：我可能会点评他每个字的笔画，尽管他写的整体的字都不满意，我也会说，你的这一笔画写得很好，有楷书的味道，不错，如果其他笔画也和这个一样写，那就更好了。另外，还可以从布局上先表扬学生。通常要对学生先表扬先肯定，然后指出他的不足，这样会更好，我认为这样做，通常学生是能接受的，我们将心比心，如果我们自己做事，经常被打击，那一样也就没有自信了。

你要承认他做得不好，学生做得不好，是正常的，如果做得好，他还来学习什么呢？所以对学生的教育我认为要有耐心，然后你要发现他的优点，让他愿意跟你交流，当然也许有些家长说对学生要少表扬，因为一表扬，他就会心花怒放，觉得自己不得了，像这种情况，我会拿出更好的作品给他看，刺激他一下。

通常我们的同学还是比较谦卑的。老师要学会给学生空间，要给人家面子。你别看他小，其实我们从小时候记事开始，都是有自尊的，如果某个人对我们说话出言不逊，或者讲出狠话，我们一辈子都忘不了。一个老师更是这样，哪位老师如果对学生讲得很重，他一辈子在心里都会记你的仇。所以你不要以为别人小，就可以任意去说难听的话，等他慢慢长大以后，他还会记得很清楚。十年几十年成长出来之后，他还会记得这些话，所以对学生的教育要尊重。

我认为师生之间是很平等的，这样的话学生就愿意跟你去交流，愿意跟你讲心里话，在这样的情境下，学生就容易发挥他的才能和潜力，就容易出好的作品。

您认为作为一名优秀的高职院校教师应该具备哪些素质？

曹：第一，我认为要先学会做人。不管做什么，做人很重要，我曾经这样说过，做人难，做老师更难，做艺术专业的高职院校老师难之又难。首先我要把人做好。从中国传统文化来讲，你要有一个德行，你要善良，德的核心就是善良。你要善待别人，无论是谁，你都心怀善意。你保持一个善良的心，那你对任何人和事才会包容，自己的发展也好，学生的成长也好，关键还是做人，这是第一位的。你说人才人才，人在前，才在后。我上艺术基础课时也和学生在讲这个，从文化的很多的篇幅来讲"人"，人字从最早的大篆开始，这个人是在躬着腰在做事，很谦卑，他在劳作，很勤奋，也可理解为在行礼，在尊重别人，它有很多种解读；另外，从象形文字的角度讲"人"这个概念，它是要顶天立地，要能自尊，能独立，这是第一，学会做人。

第二，作为一名高职院校的艺术老师，应该要有很强的技能，你自己都没有技术，在技术学院教学生就没法教。特别是像我们艺术这块，你要能动手。

第三，就是做事的态度。你要敬业，真的要用心去做事，要专注投入。

如果还要加一点的话，就是要严谨，特别是对我们设计专业的人来讲，如果过于浪漫，没有任何一种约束的话肯定不行，在一些应用设计方面，不可能过于天马行空。所以我也曾说过，"浪漫出自严谨，灵感来自勤奋，个性来自朴实"。

请您聊聊灵感这个话题。

曹：大家都在说灵感这个概念，我有我的理解，灵感是偶尔在你做的过程中出现的，不是你想出来的。不是说它一下子出来，你就得到它了。我曾画过大量的连环画。一张白纸在前面，不要一直想怎么画，先把笔拿起来，先在纸上去圈画一下，在画的过程中灵感就来了。这个灵感得来必须要你不断地做，做的过程中才会有所谓的灵感出现。线条在不断地碰撞过程中就会产生思维的火花。

曹老师您是不是很小的时候就有了画画的爱好？

曹：对，五六岁就喜欢画画。小时候我叔叔他经常会画画，对我有一点影响。但是后面对我的影响并不大。我1975年高中毕业，那时候我们上课不像现在那么紧张，有大把时间可以发挥自己的爱好，我会把那些时间放在绘画上，我17岁参加了江苏省的一个画展，展览之后，他们就把我的画登在《江苏文艺》杂志的封底，我记得那是反映农村题材的一副民俗画。

怎么理解您所说的"个性来自朴实"这句话？

曹：好多人有些时候往往是为了个性而个性，有时候过于矫情或过于做作。做人还是踏实一点、实在一点好。该怎么着怎么着，把本心显示出来，如果加上很多伪装的东西，那就不真实了，不真实的话，这东西就不是你的东西。我的个人理解是看你本质的东西，真的东西是不一样的，包括你的创作也是这样，我们现在的艺术特别强调个性，我认为应该强调朴实，艺术的最高境界就是朴实。

这么多年的创作过程中，您觉得自己最满意的作品是哪一幅或者说是哪一个系列？

曹：没有最满意的。艺术它是没有完美的，要是完美的话，就不叫艺术。一些所谓满意的作品也会有不少遗憾和不足。很多时候因为时间的关系，要赶任务，容不得你花太多的时间去推敲。很多东西一推敲就没有底了，艺术创作跟其他不一样，它没有标准答案，没有绝对的一个最终的结果，一直都可以调整。所以我始终认为到目前为止，我没有一个比较满意的作品。有些人或有些客户说比较满意，但是我讲真心话，到目前为止还没有很满意的东西。

回顾您近40年的职场生涯，请您谈一下整体的感悟和体会。

曹：感觉时间太快，没有完整地做一件像样的事情。我还不知道怎么去描述自己这几十年的职业生涯。总觉得一直在忙碌着。好像也没有什么让我满意的东西。很多时候我觉得做的好多事还不是我最想做的事情。

很多我的老师、同学、朋友都为我感到有些遗憾，觉得我去做了行政太可惜了。因为我出道比较早，在日本的时候不到40岁，那个时候创作的作品各方的媒体都做了宣传报告，他们都认为有一定的高度了。兼职行政的工作以后，确实占用了我绘画这方面的很多时间。

我有一点人生感悟就是"不争之德"。这也算是我的一个人生观和价值观。在工作和生活中的很多事情，你如果去争的话，会很累，如果不争的话反而很轻松，我工作这么多年以来，遇到任何事情，我尽量不跟别人争。我认为很多事情，它是你的，别人抢不走，它不是你的，你也争不到，该得到就得到，该失去就失去，不要去患得患失。

生活中您有哪些兴趣爱好？能不能和我们分享一下？

曹：生活中我喜欢音乐，通常会更喜欢古典交响乐。我在干活过程中或者累的时候听一听。我以前在学校当学生的时候，每天早上去长跑。现在主要以静养为主。

您在饮食和睡眠方面有没有什么心得体会？

曹：饮食的话，尽量每餐都不吃太饱。古人讲的三分饥寒，秋天不要穿太多衣服，春捂秋冻，稍微有点冷，肚子稍微有些饿比较好。

工作忙的时候，一般我都12点以后才睡觉，早上到5点左右起来。早上起来一般做一些偏静的事情，就是看看书或写写字。我比较关注传统文化类的书籍。

过几年您就要退休了，您未来应该还有一些新的目标和计划，能否和我们聊一聊？

曹：退休以后应该没太多的干扰性事务，我真的想做一些自己想做的事情，创作更多的作品，希望能有更多的空间和时间来做我自己想做的事。

国家万人计划教学名师
杨则文教授访谈录

名师简介

杨则文，男，1964年5月生，湖北黄冈人。毕业于中南财经政法大学和武汉大学，分别取得经济学学士和金融信息化软件工程硕士学位。国家高层次人才特殊支持计划领军人才（万人计划教学名师），广东省"特支计划"教学名师。金融学教授（2011），高级会计师（2001），中国注册会计师（1993），中国注册税务师（1997），用友ERP财务管理系统专家培训师（2004）。

获得3项国家教学成果奖和5项省级教学成果奖，主编6部国家级规划教材和4部财政部规划教材，主持制定4项国家级教学标准和银行业务综合技能国赛方案。是国家示范建设重点专业（金融管理与实务）带头人（2006），国家精品课程（《税法》）主持人（2008），国家精品资源共享课（《税法》）主持人（2012），国家精品在线开放课程（《税法》）主持人（2018），国家金融专业教学资源库核心课程（《银行授信业务》）主持人（2012），国家互联网金融专业教学资源库核心课程（《互联网金融支付》）主持人（2018）。广东省优秀教学团队带头人，广东省南粤优秀教师。广州市人民政府重大行政决策论证专家，郑州市人民政府特聘教授。

现任广州番禺职业技术学院纪委委员、财经学院院长、金融专业带头人，兼任全国金融职业教育教学指导委员会委员暨副秘书长，全国财政职业教育教学指导委员会副秘书长暨高职专业委员会副主任委员，全国高等财经职业教育协作委员会委员兼副秘书长，全国高等财经职业教育发展研究中心副秘书长，全国高等职业院校财经商贸类专业 MOOC 联盟副理事长，中国商业会计学会高职高专部副主任，会计教育专家委员会理事。曾任湖北省浠水县税务局洗马税务所副所长（1986），湖北黄冈财税学校副校长（1996），广州番禺职业技术学院教务处长（2013）兼外语外贸学院院长（2014）。

从教 30 多年主编或编著教材、专著 50 余部，发表论文及各类作品 50 余篇。主持或主导了教育部立项的"美国金融及其职业教育对珠三角的借鉴作用研究"项目，中国会计学会重点课题"新技术背景下会计专业技术技能积累及教学转化"项目，财政部初级会计测评标准项目，全国财政行指委"金融专业三项标准"暨"税务会计岗位职业能力测评标准研究"项目，全国金融行指委"中国金融职业教育现状及发展趋势研究"项目，教育部国际金融专业教学标准、税务专业教学标准、会计专业顶岗实习标准制定项目。曾担任中职会计国赛副裁判长（2013），策划并主持了广东省高职会计省赛（2012、2013、2014）和全国大学生银行技能大赛（2013），主持申报了银行业务综合技能国赛（2016—2018）。参与多项行业企业专业咨询和纳税筹划，在财经职业教育领域和会计、税务、金融行业具有广泛的影响。

访谈纪实

杨老师您 17 岁就开始工作了，请聊一下您的第一份工作。

杨：当时在税务所做一名税务专管员，到企业查账，那个时候国家很穷，特别是 20 世纪 80 年代刚刚改革开放，要激活农民和企业的活力，国家就要大量下放各种权利，包括财权。在这种背景下，国家建设更需要大量的财政资金，作为税务工作者就是不让任何一点国家该取得的收入流失。所以那个时候全力以赴地把应该收缴的税收上来，不让任何违法的行为在自己眼皮底下逃过。那时，对国家有一种非常的忠诚，那种以国家、以天下兴亡为己任的意识很重，向一些不守信的个体户收税，拼命的时候都有。

您在税务局工作5年后，从公务员系统到了教育系统，您觉得工作性质变化大吗？第一次当老师是什么体会？

杨：其实也没什么，我在税务所工作时，是单位里面年龄最小的，但是我的业务水平最高，其他人都没有经过专业训练，我是唯一受过税务专业训练的。我每个月至少一次，一般两次给同事做培训，有些同事的年龄是我的三倍。他们非常感谢我，也非常尊重我，所以我22岁就当了副所长，当时黄冈地区110多个税务所，我应该是最年轻的税务所所长，那个时候就做培训，知道这些岗位上的税务干部、财政干部他们缺什么。

我后来工作的学校是财税职工中专，走上讲台的时候，学生的平均年龄都比我大，我教书时才22岁，我的第一届学生入学的平均年龄是23岁，全部是已经在税务部门工作过一段时间的人。

那您当时上课有没有压力？

杨：没有，因为我对专业很自信，那些学生跟现在的学生不一样，现在学生上课有时玩手机或开小差，那时候的学生因为他们深感自己专业水平低，没有报效国家的这种能力，本身就带着一种渴望来到学校，而且从我们那里毕业的学生一般来讲，一毕业，很快就会受到提拔。能够到我们学校来读书，本来就是推荐的优秀青年，他是带工资来学习的，国家花钱培养的，所以学生学习都非常刻苦，对老师也非常尊敬。

您在1987年参与编写过一本书，里面编写的一些内容引起了财政部的一些领导的欣赏和关注，请您聊一下这个事。

杨：事情是这样的，当时税务局的会计核算非常简单，就是一种汇缴的数据，对征收过程中各种业务数据的管理很零散，很不规范，那时候没有一种会计制度对那么大量的税收收入进行严格的管理。我在税务所当副所长的时候还兼任税收会计一职，知道管理中需要哪些数据，我就设计了一套把管理会计融入财务会计的账务体系，原来是单式记账，我把它改为复式记账；原来是增减记账法，我把它改为了借贷记账法；原来是反映征收结果的财务会计，我把它改成管理征收过程的责任会计。做了以后，效果非常好，各种管理数据非常齐全。

之所以写那本书，是因为当时黄冈地区税务局也觉得这个好，需要在较大范围推广。为此，我对全地区的110多个税务所的税务会计进行培训，那个书其实就是进行培训的教材。我只是把它做了理论上的提升，后来，我把这本书送给中南财经政法大学的老教授李九龙老先生，他看了以后认为跟他平时在大学见的东西完全不一样，觉得很好，他就把这本书推荐给财政部和国家税务总局的领导，包括国家税务总局副局长牛立成和计划会计司司长刘浚湘亲自审阅，他们亲自看了以后觉得还行，并且给我提了一些指导性意见。后来国家税务总局要制定全国税收会计改革方案，要在全国做，他们就邀请我去参加起草改革方案。

可以用"年轻有为"这四个字来形象当时的您。

杨：不能这么说，那个时代容易出成果，是因为西方的思潮、观点、学术成果一进来，大家感觉到外面有很大一片天地，就自然地用它来改变中国的东西，实际上就是实际工作中的一些经验，结合国外的一些先进思想，做这些事。当时并没有想到要把它拿到财政部去，主要是为了改进自己的工作。而做出来的效果不错，因为来自实践，所以意外地得到大范围的认可。这些做法的理论提升后，我在《税务研究》连发两篇论文，引起了比较大的反响。所以，此后30年的职业教育改革，都是基于自己的实践，我所做的就像陶行知先生所说的，"根据做的方法来学，根据学的方法来教"。

2003年，您来到广州番禺职业技术学院工作，请您大概聊一下头几年的工作体会。

杨：来我们学校之前，我已经在前面的那所学校干了8年副校长，虽然从来没有离开讲台，但也不得不分心到行政事务上，而我的兴趣主要在教学，那时候我才39岁。来我们学校我开始做一名普通老师，我的全部精力在讲台上、在学生中，没有兼任任何行政职务，跟学生在一起，看到学生的进步我就特别开心，这应该是我这三十年来最快乐的时光。

财经学院的金融管理与实务专业从无到有、从小到大，在您的带领和建设下，最后成为国家示范建设专业，请谈一下带领这个专业成长的心路历程。

杨：我以前是搞会计和税务专业的，起草过会计专业的国家示范建设方案和申报书，评审过程中领导跟我说，因为教育部考虑示范专业的布点问题，财经系最好是申报金融专业或者放弃这次机会给别的院系，而当时我们的金融专业非常薄弱。我想，如果不报金融专业，就等于说错过了一次发展机会。决定申报后，我说干就干，开始从头起草金融专业的申报书，最后就借示范建设的机会，以金融带会计的形式来发展财经学院，我们金融专业虽然基础比较薄弱，但一张白纸也有好处，可以重新描画，我基本上对整个课程体系进行了重构。

那个时候教材市场上还没有成套的项目课程教材，我们整个重新设定人才培养方案，设定课程体系，重新开发课程，重新撰写课程标准，根据课程标准、课程设计来编写项目课程教材。一下子我就出了十几本教材，后面有9本教材列入国家十二规划，9本列入财政部规划，一共18本。

为什么我们这些教材都能列入？因为我们课程体系是新的，重构的课程标准也是全新的。然后在这个课程标准基础上来做项目设计，这些项目设计以项目为载体，把这些课程的知识和技能点融入这个项目之中，是非常实用新颖的项目化课程教材。

就这样，在金融专业的带头下，协同发展了会计专业、国际金融专业和国际商务专业，整个学院的专业就慢慢跟上来了。

您能把科研与教学协同起来，用科研论文来提升教学水平，在教学中促进科研的思维能力，能否对年轻老师谈些经验？

杨：其实我做科研没有太多单独的为了科研而科研，我们这种应用型技术型学校科研就是为了教学，真的应该是这样。教学提出问题，用科研来解决它，然后更好地服务教学。这是我最近出的一本书，比方说书里第1篇文章《从几组统计数据看财政分配的偏差》，这个就是我教"财政收入结构"的时候，给学生讲财政收入结构的一种探究性学习，就是我们国家财政收入结构是怎么样的？这种结构好不好？我们下一步怎么改？跟学生一起进行探究性学习，学生对这个问题就有兴趣。我跟学生在一起讲的时候，和他们探讨应该是怎么样？我们觉得怎么样？大家觉得改革的方向在哪里？

我写的很多文章都是对课程改革的思考，对专业改革的思考，实际上我所有的这些文章都是围绕着教学来开展的，否则我们做的科研没有意义，对于我们来说玩概念的科研是没有意义的。所以我在这本书的前言里面说，我的这些文章没有什么深奥玄妙的，但句句都是真情和实干的东西。我自认为学术水平不高，但是所有内容都是原创。

我们在教学过程中要善于提出问题，一定要在提出问题的基础上，用90%的精力来研究这个问题，然后用10%的精力来把它写成文字。前面90%的工作做好了，后面的10%就是轻而易举的了。为了写论文而写论文，是从来也写不出高水平论文的，论文只是研究结果的呈现。

您在学校工作的这十几年里出了特别多的成果，想请您谈谈您在时间或精力管理方面的心得体会。

杨：前几年我在担任教务处长的时候还先后兼任外语外贸学院院长、财经学院院长和党总支书记，实际上有些工作是做不到位的，但是表面上看，好像这几个部门的改革都有在推进，大的方面也没出什么纰漏，好像有些工作还有一定的成绩。其实在行政部门做事，有些东西是你不能左右的，比方说很多的会议，还有兄弟院校来访，这一块的时间是死的，你没有办法，但是你有办法提高效率。始终坚持做最重要的事情，程序化的决策交给下级，非程序化的决策才重点处理。比方说接待兄弟院校和企业来访，我就针对别人关心我手里这一块的问题一一进行解答和分享，交流完后由其他领导接待，我没有必要从头陪到尾，我可以先退出来去忙别的事。

另外，要学会下棋看五步，在你未来比较长的时间内，看有哪些大的事情需要推进，抓住这些大的事情，小的事情，能放权的尽量放权，尽量发挥大家的积极性。

我自己的工作，桌上每天会写一个工作清单，按它的重要程度和紧急程度从上往下写，做完一个就划掉一个，尽量让自己没有积压的事情。现在年纪大了，记忆能力也差了，清单就更重要了。

要想成为一名优秀的财经大类的高职院校专业教师，年轻老师应该如何更好地提升自己？

杨：首先，不把教师当成一个职业，不要当成是打的一份工，虽然它是一份工作，就是打工养家糊口，但它不是一般的工作，它需要有一种情怀，一种对下一代、对国家前途承担责任的情怀，一种责任心。在这个前提下，还要不断丰富自己。我忽悠了一个小时，在课堂上浪费的就是50个小时，别人50个学生的每一个小时比我们自己的一个小时珍贵多了，人家是青春的年华，18岁送到这里来，你在那里忽悠人家，这良心上都过不去。

其次，要有成就感。你自己在课堂上没有成就感，自己的生命的价值在哪？你还不如不要教书，有句话说，"当官不为民做主，不如回家卖红薯"，不能使学生在每次课有成就感也可以不要教书了，还不如回家卖红薯算了，干嘛要做教师这个职业，教书就是一种理想情怀支撑下的、一个倾注生命、倾注全部情感在里面的一个事业。

所以，我平时说话虽然看似没劲，音量也不大，但我到课堂上一站，我的情绪是非常饱满、气势是非常激昂的，你唯有感染感动了自己，才能感动学生。你自己在那里有气无力的，又没精打采的，学生怎么能集中精力，自己要精神饱满，要充满自信，充满情怀。

当然这个前提是，在有情怀的条件下要非常用心地去研究。比方说，我听一位年轻老师的课，我自己都为他着急，我说你自己在银行做过，你知道这个贷款从签合同到发放，中间有哪些流程，我们学生将来要服务客户来做这些事，你为什么只点一下PPT箭头上那些流程就过了，5分钟讲完了，你为什么不讲你们家从买房、签合同，到最后怎么贷款、提前还款这些东西？你自己在银行做了那么多年，你可以拿案例给学生分享。

老师不是说怎么讲完我的这点知识，我们要关注的是学生怎么样通过我的组织教学，能力有所提高。年轻教师要用心在课堂上，组织好一节课，教学设计很重要。

您在做教务处长和财经学院院长时，对实训室的建设提出了一些很好的改革方案，请您分享一下。

杨： 有一次我陪一个领导在财经学院转了一圈，1000多个学生在上课，最后他出来以后，跟我说，"里面的学生没一个人玩手机"。

这是因为我们对课程和实训室进行了一系列的改革。我们示范建设全部的要求是要教学做一体，所以我主张我们建设的教学场所不能是普通的教室，我不谈座位，谈工位！这不仅是职业教育需要的，也是所有教育需要的。

前段时间我在美国出差，星期天没事干，我专门跑到哥伦比亚大学去，这个不是出差工作范围内的事，我跑到哥伦比亚大学商学院、化工学院、艺术设计学院，他们的每一间教室、办公室、实验室我全部看了。我看到哥伦比亚大学商学院它的每一个座位上面都有网线接口、电源插头，每个学生都带着笔记本来上课。他们上课每个学生都是要做事的，不是来听讲的。一定要是学生们在做中学，按照做的方法来学。

我们财经学院一直强调要做深度产教融合，所谓深度产教融合，就是我们要拿到实际的项目，把工作项目转化成教学项目，让学生边做边学，让人家上课忙得不得了，上课有事情让他干，他怎么有时间玩手机。

每个专业有每个专业不同的特点，但是我们都要探究教学做一体。有些课程可能没有直接的工作项目，也不适合项目课程。有些是理论课，但你要设计一些探究性的项目，有些课程就是纯粹抽象的理论，但是你要有案例，你要有设计，既然是一个理论，它一定有探究的地方，你不能光让学生坐在那里听。

我当教务处长三年，对所有增加的教学场所，我都要求不能规划成普通教室。我在税务局干了5年，有这种理念，有这种想法，我以前知道实际工作需要什么样的人，有怎么样的培养理念，但是不知道怎么实现。后来到新加坡南洋理工学院学习，去专门考察学习了两次，总共三周，针对新加坡南洋理工学院的教学工厂理念，我当时回来就写了一篇名为《新加坡南洋理工学院教学对我院财经专业的启示》的文章，其实也就是对财经学院的未来怎么建设的一个思考。基本上后来就是按这个思路来做的。

您身上对教育的这种情怀的工作动力来自哪里？

杨：我自己从农村长大，对贫困有非常切身的感悟和理解。中国要富强，这是一种使命。我们那一代人肩负使命，祖国四化，从我做起，整个社会都是这样，只不过有些人后来变了，忘了，但是对大部分人来说，他忘不了，这是一种终身的动力！

杨老师是黄冈人，900多年前，苏轼曾在您的家乡工作生活过一段时间，您应该很喜欢这位伟大的文豪，他对您的人生成长有什么影响吗？

杨：我喜欢苏东坡，他不像李白那么飘逸，给人感觉你永远跟不上。他也不像杜甫那么平民，很多的理想永远也实现不了。苏东坡他上可陪玉皇大帝，下可陪卑田院乞儿，他的人生过得很潇洒，任何艰难困苦的环境都影响不了他内心的快乐。他给我的感觉就是我哥们，就是我朋友，跟他在一起会很快乐。你跟李白在一起，你会感觉很有压力，你跟苏东坡在一起会很快乐。苏东坡是一个非常达观的人，这一点对我的成长影响比较大。

知道您喜欢读书，您曾经说，《红楼梦》这本书对您的性格和人生态度产生了一些重大影响，请您稍微谈谈这本书。

杨：我的爱好就一个：阅读。有时间读读书就是一种很大的享受。

《红楼梦》有一种人文的思想，像贾宝玉和林黛玉，特别是贾宝玉，他是生活在一个等级非常森严的封建社会里面。但是，在他的心目中没有这种观念，在他的心目中人人是生而平等的，他如果对别人发一下公子哥的脾气，自己还非常内疚。在他的心目中，人人都一样，世界上都是好人，在他的眼里没有不好的人。他的这种思想，在当时中国这种几千年封建等级森严的社会下，是非常难得的。

《红楼梦》实际上是把生活中很多很美好的东西撕碎了，这就让人更加珍惜生命，珍惜情感，珍惜同事、朋友、家人的情感，对世界怀着一种感恩之心，不要认为都是世界欠你的，其实世界已经很好了，它实际上是一种世界观。

从这部书的悲剧中，让我们更加珍惜自己眼前的生活，眼前的工作，所以我没有什么怨天尤人的。比方以前有人对我说，你是不是应该要提拔了，你怎么没有评上教授，其实你更应该评上，或者其他的。一般人可能都会有一种不平，我却认为有些东西是水到渠成的事。所以，我没有一种对人生、对社会、对单位的不满，我是一个乐于帮助别人的人。这种仁爱、平等的思想，是这本书潜移默化地影响了我。

读书实际上是一种习惯，我床头边堆满了书。昨天晚上在睡觉之前看了一二十分钟，看吴晓波的《腾讯传》，就是了解一下信息技术的变革。我自己也是这么走过来的，很多年前，我开始上网用的是ICQ，后来腾讯出了OICQ，到后来进化成QQ，整个过程我都亲自体验过，我是中国最早上网的网民。那个时候感觉到自己最缺乏两样东西，一个是运用信息技术的能力，一个是外语能力。当时我认为这两方面对于未来开放的中国来讲是非常重要的，所以我老早就自己组装电脑，玩各种硬件和软件。

昨天晚上看《腾讯传》，就想到了这几年出现的工业4.0、云计算技术、大数据技术，我虽然不一定深入到技术的深层次，但是要搞明白这个技术能干什么，它是什么，对教育有什么影响，对财经类专业有什么影响。

所以在教务处也好，在学院里面也好，我在教学改革中对新技术非常敏感。我去教务处力推线上线下的混合教学，我们教学改革不是要适应信息技术时代的变化，而是要超前信息技术时代的变化，对未来要有预见性地进行教学改革，因为你现在的课程改革，受益的是三年以后毕业的学生。所以我们的课程改革最少要前置三年，要超前三年。《腾讯传》看起来是闲书，但实际上它对信息技术、对教育技术和教育思想、专业领域的技术进步都很有帮助。我们要有一种超前的思维，才能做好眼前的改革。

您能否聊一下您最难忘的那次自驾游珠峰大本营旅行。

杨：我们5台车18个人，29天，走过了15座4千米以上的山，行程11000多公里，我们到过罗布泊、纳木错、然乌湖、米堆冰川，到过珠峰大本营、唐古拉山、念青唐古拉山、可可西里、昆仑山、二郎山。体会是：最险峻的路，就是最好的风景。现在路好走了，好风景就没了。真的好风景就是你行走最艰难的时候所到达的地方。最难忘的一段路是在通麦天险，我们 22 公里走了 5 个多小时，那个路全部是泥泞路，下面是悬崖峭壁和奔涌的帕隆藏布江。

您好像对摄影也有一定的兴趣。

杨：时间不够用，只能挤出很少的时间玩这个了。我在十五六岁的时候就做过，在房间把窗帘拉上，灯泡用红纸包上，整个房间就成了一个暗房，冲胶卷，然后印照片，自己在外面买回药粉，自己制作显影液、定影液，自己在那里做照片，自己切。那个时代是黑白照片，还没有彩色照片，后来引进彩色照片了，我们也买回彩色相纸，彩色的冲印药粉，彩色相片对温度要求非常高，我就在显影液底下放一个灯泡给它保温，但是彩色的色位一高，照片就发红，色位一低，照片就偏蓝，不是很好做。后来照片的冲印技术普及以后，在外面就比较便宜了，我就没有怎么去弄了，那个时代对摄影用光、黄金分割、各种构图技术、冲印技术都有过一定的兴趣，很多都是自己做工具。现在随着技术的进步，人们反而很少用心去判断怎样用光、怎样选择角度、怎样构图了。

广东省教学名师叶雯教授访谈录

名师简介

叶雯，女，1968年1月生，教授，广东省教学名师，高级工程师，注册监理工程师，注册造价工程师。现任建筑工程系主任，广东省示范性高等职业院校建设计划重点建设专业项目负责人、专业带头人。

1990年7月毕业于华东交通大学建筑工程系工业与民用建筑专业。1990年8月就职于江西省南昌发电厂昌达电力建筑装潢有限公司，从事工程设计与施工管理工作。期间独立完成了6栋多层民用住宅设计，总建筑面积达24000平方米；参与了占地面积达2000余亩的厂区和生活区规划工作；独立完成送风机厂房设计、五七工厂综合厂房设计、3000立方米的湿式煤气发生炉厂房设计以及多项构筑物设计；独立负责了10余栋民用住宅楼、工业建筑的施工管理和预结算工作，所负责管理的工程质量全部在合格以上，为企业创造了良好的经济效益。

2004年8月进入广州番禺职业技术学院任教，主要从事建筑工程技术专业、工程造价专业课程的教学工作。从教6年来，教学质量受到学生和同行的一致好评，连续2年获得学院教学质量优秀奖；2007年，主持的建筑施工技术课程被评为广东省精品课程，2009年，主持的施工组织设计课程被评为院级精品课程；发表论文6篇，主编、副主编出版教材2部，主持或参与教研、科研课题8项，完成技术服务项目9项；2008年被评为广州市优秀教师。2009年带领建筑工程技术专业进入广州市示范性建设专业行列，同年，作为子项目负责人负责广东省示范校建设项目中建筑工程技术专业和专业群的建设工作。2010年作为主持人获得学院教学成果二等奖。

访谈纪实

叶老师您是什么机缘从企业转到学校工作，让您最终决定选择教师作为您的职业的最主要原因是什么？

叶：说句实在话，主要是学校有两个假期，不会像在企业要老出差，那个时候在企业要经常出差，我经常要到外省去做项目，一去就是三个月，我想还是要稳定一点，出差少一点好，于是选择了做教师。

当您是一名新手教师时，您最需要的帮助是什么？

叶：当时作为一名新手教师，我最需要的帮助就是希望别人告诉我怎么来做一位好老师？我应该做些什么？还有怎么去上好一堂课？我刚来的第一个学期学生给我打分都很高，这可能是因为我有丰富的工作经历，可以把抽象的东西讲得很清晰。

您心目中觉得好老师应该具备哪些条件？

叶：一个比较好的高职老师，我认为从三方面来说：第一，要有比较扎实的理论功底，高职的学生不像本科的学生，他们基础没那么好，所以在讲的时候要深入浅出，如果你自己对这个理论知识都不太清楚和熟练的话，就做不到深入浅出；第二，就是和本科院校老师相比，高职老师还要有比较丰富的实践经验，这能够让你理论联系实际去把这个事情讲得很透。我们的学生主要在基层一线，他们可能更多地需要一些实践的经验，还有一些你以前经历过的成功或者失败的案例的引导，所以这两点对于老师来说比较重要；第三，老师在教学的过程中要去关爱学生，本科院校的孩子自觉性比较高，我们高职的学生可能需要更多地去引导去规范，你就要付出更多的时间和精力在学生身上。

请分享一下您在课堂上的教学风格。

叶：我原来在讲课的时候会用案例导入，因为我手上有比较多的实践案例。用案例导入，先给同学们提问，比方说在工程中碰到那样的问题你们会怎么去处理？导入之后我再来讲当时我是怎么处理的，我为什么会这么处理，是基于哪些知识点，哪些技能点，有时，我还引导他们拓展思维一下，问他们还有没有更好的方法？其实在我整个14年的企业施工的过程中，我不仅有成功的例子，也有失败的例子，我也会把失败的例子拿出来给学生分享，问他们如果碰到这样的问题会怎么处理？这样和学生去分享，可能会更好地吸引到学生。

能否聊聊您来学校上过的印象比较深的一门课。

叶：我刚来的时候接了一门课，叫《建筑施工技术》，当时我们学院没有实训室，这门课就很难讲，它讲的都是一些施工方法，没有实训室，没有什么实物看，学生根本理解不了，你讲一个机械设备，这个设备是多轴的打桩机，他们不知道是什么，你给学生看图片，学生不知道这个设备是如何工作的。带学生到工地去学习也是方法之一，学生很愿意去工地，但是现场太嘈杂了。2004年，我找了一位善于做Flash的学生，我指导他一起共同开发了43个教学动画，专门用于讲这门课。后来这门课也建成了省级精品课程。其实在教学的过程中，我认为只要用心去做某一件事情，哪怕是蜗牛爬，经过几年的时间，也可以做得很好，但你一定要有心，要用心，有心用心认真去做这个事情，一定是可以做成的，我刚来的时候真的什么都不知道。还有，做一件事你要有时间和精力的付出，我不是那种很聪明的人，我确实相信做一件事情还是要付出的，人家讲有付出有得到，你不付出肯定得不到。

请您大致谈一下您在学校的心路成长历程。

叶：刚来学校时，心里还是很忐忑的，因为自己要从一个企业的员工转型成为一个教书育人的教师，确实感觉压力蛮大。因此，从正式成为我们学校教师的那一天起，我就一直激励自己一定要做一个被学生和学校认可的教师。我首先去听了很多老教师的课，像原来建筑艺术系的关士义教授、源军老师、林劲老师、张强老师等，向他们学习如何把复杂的原理深入浅出地讲清楚，如何管理课堂，在他们的帮助下，我懂得了如何做一个合格的教师。除此之外，学校当时正在接受教育部教学水平评估，作为新人，我也积极投身到这项工作中。在这里应该感谢当时的系主任关俊良教授、张来源教授，在他们的指导下，我学会了如何做一个合格的教研室主任。

天资聪慧从来就不是我的标签。作为一个老师，我不断地在教学中充实自己，为了教好一门课程，我准备了很多的案例，又开发了很多的 Flash 动画，最后把这门课程打造成了省级精品课程，教学也得到了学生的充分认可。成功地从一个企业的管理人员，转型成一个老师。这一路走来，没有别的诀窍，只不过是愿意做事情，付出的多点而已。我也经常跟我们建工学院的老师说，你们一定要去多做事，愿意做事，因为你多做了事之后，可以比别人积累更多的经验，这个事情真的都是做出来的，你不可能说我什么都不做，最后却想取得成果，那是不可能的。我觉得很满足，因为我认为我的转型还是蛮成功的，我也有这种转型成功的自豪感。

请谈一下您的教育理念和学生观。

叶：每个学生的能力不一样，你没有必要去强求每一个人都能够成才。学生今后在他的工作岗位上觉得快乐，这是最重要的，有的孩子报读的这个专业并不是他喜欢的，而是家长要他报的，那么可能他干了一段时间之后也会转岗。我认为只要他快乐，不论他在不在这个专业领域里工作都可以，快乐是最重要的。

您在社会服务方面取得的成绩主要得益于哪些方面？

叶：我们是职业教育工作者，我们学生的就业岗位往往是在企业一线，高职学校专业的建设，是离不开行业和企业的，所以在企业这么多年的经历，使得我对这个行业企业的发展很敏感，你可以看我做过的所有项目，其实都是站在我们这个行业发展的前沿，你说我比别人有多大的优势，我没有，别人如果要赶上来很容易，但是我就是比别人超前了，特别是一些施工项目，包括现在我的一些项目，平时合作企业要我去配合或者去汇报，你做了这些，就会学到很多，在做这个项目的过程中会学到很多新的知识，你把这些新的知识带到你的课堂上，就会对教学有很好的反哺作用。

请问 14 年的企业工作经验对您的教师专业成长有哪些影响？

叶：其实最大的价值就是你有很丰富的工作经历，对你的教学和科研以及社会服务都会有帮助，在讲课的过程中，我可以把课程讲得更加系统化。

在您 13 年的教学生涯中，有没有对您的成长起关键或者是决定性作用的人和事？

叶：来这个学校我经历了几件大事，第一个是我们学校的教学水平评估，第二个是国家示范学校建设，第三个是省示范学校建设，接下来是省重点专业建设、品牌专业申报、创一流高水平专业申报，我都是一路走下来的。另外，我们学校每年开教学工作会议，会把各个二级学院当年取得的成果和累积的成果拿出来展示，其实这就是对你的一个鞭策，我认为这个非常好，而且每年让这些二级学院的院长上台去讲自己的想法和思路，这就是一种锻炼。通过这个，我成长得很快，它会教会你去系统地思考一些问题。

你说的起关键决定性影响的人，其实我们学校有很多榜样，包括你们阚院长也是榜样之一，也是促使了我们去成长，因为榜样说句实在话，就是一个目标。人家做得那么好，你也是同样一个人，同样我们的经历都差不多，别人为什么可以做那么好，你为什么做不到？可能你就要去进行一个反思。我们学校有很多这样的榜样，包括关俊良教授、张来源教授，他们工作很积极努力，原来建艺系在全校也是响当当的，包括现在的艺术设计学院也是全校响当当的，他们的这种工作态度，对待学生的这种态度激励了我。

除了每年的这种教学会议的汇报，您觉得还有哪些方面促使您的眼光和思维得到不断的提升？

叶：跟企业和行业的接触。我从 2013 年开始就一直是广东省建筑业协会的授课专家。每一年都有工程技术人员的三星教育，培训的主要内容包括这个行业发展的十大新技术，这个内容每年都会变，在培训学员的时候，你要对这个新技术非常熟悉。另外，我是番禺区大中型工程项目评审专家库的专家，几乎每个月都有一些大中型项目的评审，这也是让我保证和行业企业不脱节的一个重要因素。这些都会让我的眼光不断得到提升。

很多老师都说您精力很好，请问您是如何调节和管理自己的时间和精力的？

叶：我应该算是慢热型的选手，可能要花更多的时间去做这个事情，别人做一件事可能一两天就弄好了，我可能就要三四天。我自认为相对来说我精力还可以，这可能得益于我父母体质的遗传，第二个是小的时候得到的照顾比较好一点。

您是建工学院的院长，又是督导处和创建办的负责人，工作应该比较繁忙，请您谈一下行政工作处理方面的心得体会。

叶：说句实在的话，无论是创建办的何霞、高原，还是我们评估督导办的贺老师、李老师，他们都很得力，虽然我监管三个部门，但是我是比较轻松的，做任何事情，你只要把规则给他们制定好，他们下面都会去做，都会很好地把这个任务给完成，管着三个部门，有很多事情，你不可能事事都去亲力亲为。另外，在做事情的过程中，你要去发现一些问题，发现问题之后，不能让问题存在那里，你要想办法去解决这些问题。

您是怎样让您的教学工作充满热爱和激情，以克服工作和职业倦怠的？

叶：职业倦怠，好像我还真的没有过，好像这个职业每天都有挑战，不是这个就是那个挑战，原来做精品课程，现在做在线开放课程，完全不一样的理念，对你又是一种挑战，怎么会有职业倦怠？教学上，你面对的都是不同的学生，他们的情况都不一样，对你来说都是要处理的新问题，所谓的职业倦怠，是重复做一件工作吗？那如果你认为这项工作每天都对你有挑战的话，怎么会倦怠呢？另外，我在教学的过程中会和行业和企业密切接触，所以在教学过程中始终会有新的东西去讲，我认为不存在这种倦怠。

还有在行政工作上也不会有倦怠，有时在做某件事情的时候肯定会有很多沟通方面的问题，你可能会烦躁，因为很麻烦，但是这个时候你要想办法解决这些问题。关键是在做工作的过程中，你不是把它当成一种任务，而是作为一种挑战。

您平时有哪些兴趣和爱好？

叶：我兴趣还是挺广泛的，你看我手机上下载了不少 APP，百词斩英语、英语流利说、掌中英语，我为什么学英语呢？主要是觉得以后可能出去学习的机会比较多，如果你能够听懂国外当事人说的话而不是通过别人翻译，我认为这也是一种满足感和获得感。

我自己蛮喜欢旅游，周六周日有空的话，我会去周边高铁两个小时之内的一些地方旅游一下，邀上三五个朋友出去玩一玩，这样可以开阔你的心胸和视野，有的时候你在学校干久了，尤其是对那些有职业倦怠的老师来说，其实也是一种比较好的转移注意力的方式。

我去一个城市旅行，如果它有博物馆，我都会去，因为博物馆比较全面地介绍了这座城市的发展历史。另外，我还会提前对这个城市做一些功课，我在手机里下载了一个叫"十六番"的旅行APP，这里有很多的攻略，也可以订酒店，还有一个穷游网，我喜欢穷游，我喜欢做背包客。

我最近还在看《中国通史》《世界史》这些历史方面的书，我一般中午去吃饭的路上会塞着耳机听《中国通史》那个课，是中山大学的一位教授讲的，他讲得蛮好。

我以前很喜欢看小说，我一直喜欢看那种比较乐观的、积极向上的书，那些比较悲观和压抑的，我不太喜欢看。有一句话说得好："生活已经这么沉重了，你其实应该去看一些比较阳光的东西。"当然社会中是有一些阴暗面的，我不太喜欢看这些，包括看电视，我也会看比较让人开心快乐的电视剧。

最后想问您，这么多年来，有没有哪一句话比较激励自己，可否分享给年轻老师？

叶：激励自己的话就是一句吧，"做更好的自己"。有些年轻老师知道自己的缺点，但是他们又没有这种恒心去改变这个缺点，他可能会慢慢认为自己这也不行那也不行，会产生一种自我厌恶感。我认为做更好的自己，就是激励你自己不断地去努力，去克服一些困难。当然，就是做更好自己的同时也不要太透支精力了，因为现在年纪大了，确实我现在也比较注意调节这个。

附：普鲁斯特问卷

1. 您认为最完美的快乐是怎样的？

其实最完美的快乐就是你没有什么忧愁吧，就是觉得什么都很开心。

2. 您最希望拥有哪种才华？

我最希望我能笔下生花。

3. 您最恐惧的是什么？

最恐惧的是家里面的人都不在身边。

4. 您目前的心境怎样？

我很开心，我觉得我在工作中得到了快乐！

5. 还在世的人当中，您最钦佩的是谁？

引力波的发现者，就是2017年诺贝尔物理学奖的获奖人。

6. 您认为自己最大的成就是什么？

我觉得我没什么成就。

7. 您自己哪个特点让您觉得比较痛恨？

就是我刚刚说的性格不好，比较较真，但是我又改不了。

8. 您最喜欢的旅行是哪一次？

那次去德国的旅行，我觉得比较好，认识了另外的一个世界，另外的一种风土人情，也了解到了我们国家和第一世界国家的差距。

9. 您最珍贵的财产是什么？

孩子，这还用得着说嘛！

10. 您觉得生命中最奢侈的是什么？

一个完美的家庭，我觉得这是最奢侈的。

11. 您最喜欢男性身上什么品质？

诚实。

12. 您最喜欢女性身上什么品质？

诚实。

13. 何时何地让您感觉到最快乐？

现在啊，我就觉得很快乐。

14. 您最看重朋友什么特点？

我最看重朋友之间的真诚。

国家万人计划教学名师
龚盛昭教授访谈录

名师简介

龚盛昭，1970年生，博士。国家万人计划教学名师，国家级教学名师。现任广东轻工职业技术学院轻化工技术学院精细化工技术专业教授，广东省绿色日用化工工程技术研发中心主任，兼职担任广东省化妆品学会副会长、核心期刊《日用化学工业》等杂志编委、核心期刊《精细化工》杂志审稿专家。注重教学与科研并重，主要研究方向为化妆品与新材料研究开发，主持完成省部级项目10多项，市级项目10多项，有23项成果获得科技成果鉴定，多次获得了省部级科技进步奖。已经公开发表论文100多篇，其中三大索引论文近20篇。申请发明专利60多件，发明专利授权30多件。主要教学方向为产教融合和创新型人才培养模式研究，主持获得国家教学成果奖1项、国家精品课2门。

2018年国家级教学成果奖获得者，2014年获得首批"广东省特支计划教学名师"称号，2013年获得"广东省高校珠江学者特聘教授"称号，2012年获得"广东省高校'千百十'工程国家级培养对象"称号，2008年获得"广东省教学名师"称号，2008年获得"广东省高校'千百十'工程培养对象先进个人"称号。

访谈纪实

让您最终决定选择教师作为您的职业的主要原因是什么？

龚：我还是挺想培养人，想跟年轻人打交道，那个时候在工厂主要是跟大妈、大爷打交道,当然在工厂也能学挺多,在那里学到的知识和技能对我后面的教学产生了很大的作用。我当时是去的一家很有名的味精厂,叫双桥味精。我是学化工的,当时我在质检科,在那个科室干的时候,我经常跑到各个车间去观察和学习,像发酵车间、提取车间,把那些设备都弄熟了,所以说这个对我成长的帮助很大。但是后面机缘巧合,正好广东轻工在办化工专业,所以就从企业到了学校,来学校工作主要的原因还是一直想要培养人,因为我有这个爱好,喜欢讲故事。其实选择做老师,我以前就有这个想法,加上去企业锻炼一段时间之后,发现工厂还是比较枯燥。

能否聊一下您做新手老师时的基本情况。

龚: 刚做老师的时候还是挺心慌的,很多新手老师站上讲台的那一刻,他都会心慌。刚开始那段时间,我都不太敢面对学生,总是对着黑板,第一个,可能是不自信,第二个,突然面对这么多人,心里还是有些怯场。所以说我鼓励现在的年轻老师要敢于站上讲台,其实站上讲台任何人都一样,都是在同一个起跑线。上课的前几年,我备课是非常认真的,每次上课的教案都写得清清楚楚,前面应该讲什么,中间应该讲什么,我会设计和掌握好每个 45 分钟,在这个时间段里,要把该讲的讲完、讲到位,不该讲的不讲,时间上做到了精确明细的地步。

我认为做老师还是需要有一些工作经历比较好,像我就稍微好一点,因为我在企业里有做工程的经验,有比较多的案例,讲起来的时候就不会太心慌了。我也鼓励我们身边的年轻老师先去企业锻炼一下,锻炼半年左右,再回来上课,像我们学校这方面的制度就比较好,都鼓励新来的老师报名下企业。学校里的老师是不缺理论的,缺的是实践,特别是一些年轻老师,他一做实验就心慌,为什么心慌?因为他们不是所有的设备都用过,而且很多设备的型号、生产年代都不同,设备操作的流程和技术也会不同。所以,特别是工科的老师,我建议他们去企业锻炼半年以后再回来上课,这样会好一些。

龚老师,能分享一下您的教学风格和理念吗?

龚: 教学风格,怎么说呢?这可能与我这个人有关,我比较能和学生玩得来。我应该属于自然亲切加睿智创新型的老师。在我的课堂上，我会体现我的自然本色，讲课的时候注重真实有效、注重互动。课堂上我是比较尊重学生的，在我的眼中没有差的学生，都是优秀的学生。任何学生都不会说自己是差生，是不是？即使他学习成绩差一点，也并不是说他是差的。我教学二十几年，在这方面还是有发言权的。每一个成绩段的学生，他成功的概率都是差不多的。学习成绩很好的学生，他的成功率是不是比那些学习成绩差的学生就要高一些呢？这不一定。其实到我们学校来读书的学生成绩都差不多，只不过到了学校后，他们的目标倾向各不相同，例如有些喜欢上一些营销的课，有些喜欢上一些技术方面的课，有些喜欢上一些演讲方面的课，我给学生的教育是顺势而为、因势利导。

我的教学比较坚持以解决核心问题的方式去训练学生的思维。最终的目的是提高他们各方面的能力，包括思维能力、动手能力、创新能力。我一直注重寓教于研，我们的科研比较强，纵向的横向的课题很多，我们就把科研的东西带到课堂。另外，我们也会把学生的课余时间利用起来，在学校，一直有一批学生跟着我一起做科研，这些学生毕业之后基本上都成了老板或企业的高管。前两天我们让人统计了一下，发现我们精细化工专业有一百多个老板，这个成绩很不错。每年毕业的学生里，做高管的很多，做工程师的也有一大把。在每年开学给新生做开学教育时，我就会邀请成功校友回来，让他们给师弟师妹做现场演说，给他们信心。这些企业家、老板们在演讲中明确告诉他们："你们只要认真好好学习，将来要么成老板，要么成高管。"所以学生的学习积极性很高，榜样的力量很大。

我比较注重学生创新能力和创新思维的培养，激活学生的提问意识。我们设计了一个教学模型，这是我自己总结的：第一步，让他们提出问题；第二步，让他们思考一下，质疑这个问题；第三步，一起来解决这个问题；第四步，反思这个问题，反思我提出的方案对不对？有没有更好的解决方案？大家一起总结，升华和拓展，最后达到让学生巩固已学知识、感悟新知识、探索未知知识的目的。这也是引导学生的创新过程。

总结来说，我的教育理念是教中有研、研中有教、以研促教、校企协同育人，将科研资源转化为教学优质资源，将教学与科研完美结合起来，学生与教师一起搞科研，在科研中培养学生的创新意识，提升学生的创新能力。

在您二十二年的教学生涯里，您觉得自己整个的成长历程有没有明显的阶段性变化？

龚： 有，我刚来广东轻工的时候，这个专业是新办的，啥都没有，没有教材，没有实训设备。我就像一位创业者，着手从教材开始，再到实训室的建设，这个建设的过程很辛苦，我也很迷茫。当时没人带，但是收获也蛮大，通过这个建设过程，整个专业基本上在你掌握中了。那个阶段比较困难，再加上上课，确实是一个从不熟练到熟练的过程，还是有过程的。接下来几年，我们做了大量的专业调研，在珠江三角洲跑了上百家企业，基本摸清了整个广东精细化工产业的地图，通过调研我们发现了一个很突出的现象，即广东化妆品和涂料业特别发达，后来我们就决定专注于这两个方向。我们要有所为，有所不为。培养学生主要是为这两个行业培养人才。现在反过头来看，我们的选择是蛮准的，这算是第一个阶段，大概经过了四五年的时间，这个阶段应该说是从中专到高职的过渡阶段。

第二个阶段，我在教学的同时也经常下企业，我当时有一个傻瓜相机，我很喜欢用它把一些企业的东西拍下来，像产品的生产过程，还有他们的设备，回学校后我就放给学生看。我们学校的办学经费有限，有些设备学校不一定买得起，我这样做就能让学生接触到企业一线的很多信息，能让教学和生产实际不脱节，保持一致性。另外，我也在企业收集了很多案例，去企业的时候，我喜欢带学生一起去，比如企业经常请我去解决一些问题，碰到问题的时候，我先叫学生思考："你说这个问题怎么解决？"。这些下企业的经历很好地提升了我和学生各方面的能力，对于教学的帮助很大。

第三个阶段，随着不断的校企合作，我服务企业的能力得到了进一步增强。近几年，我兼职担任华南地区最大的化妆品企业研究院的院长，这个时候我就完完全全地深入进去了，当然我在学校的工作量一样没有减少。我利用所有的时间把学校的工作和企业的工作力争都做好，这个时候就完全的融会贯通了，到这个阶段，教学的问题难不倒我，企业的问题也难不倒我。此时，就真正达到校企合作的产教深度融合阶段了。

您是一位科研实力非常强的名师，请您分享一下您在科研上的心得体会。

龚：我坚持一种观点，高职院校的科研观，就是以应用研究和技术服务为主，以基础研究为辅，科研成果要为课堂、为培养学生服务。这是我一直坚持的一种科研观，我一直是这样想的，不知道对不对？

刚做教师的前几年，学校没有什么科研氛围，老师写论文和做课题的很少，我在想别人不做的我应该去做做，而且我本身对科研也比较感兴趣。那个时候我跟企业来往得比较多，当时我认识了一个企业的老板，我们一起搞了一个横向课题。那个项目当时应该是蛮大的，在2001年我们获得了50万的研究资金。我们就从那个时候开始做，几年下来，出了不少成果，自己的科研能力也得到了大幅度的提高。

如果说要给年轻老师提这方面的建议的话，我认为年轻人要坚持一个方向发展。另外，教学和科研不应该分开，说句实在话，没有科研的教学、没有技术服务的教学，照本宣科的话有点空洞，如果要把教学搞好，你还是要去企业，要做技术和培训服务，通过技术服务不断积累，那些案例就可以丰富到我们的课堂，这样科研反哺到教学，两者协同起来工作就不会很累，也容易出成果。

您觉得有哪些核心因素促使您成为一名这么年轻的万人计划名师和国家级名师？

龚：内在因素主要是两个：一是好奇心，二是进取心。我很喜欢琢磨事情、想问题，我举个这方面的例子，像我们去企业解决问题的时候，不是所有问题都能马上解决。解决不了的话，那你要想为什么这个问题是这样的，想不出来，我就回来做实验，去探究它到底是怎么回事。有些做实验也解决不了，我就去查资料，我们学校旁边有一个造纸研究所，那时为了完成某个课题，我周末经常去那里查资料，在资料室里一呆就是一天。

在进取心方面，总体来讲我还是比较好学的。我是那种没事干的时候比有事干的时候还难受的人。有时候，为了解决某个问题，挑灯夜战是常有的事，学生跟我一起干到凌晨一两点都有，我们学校的校长有次在大会上说，龚老师实验室的灯晚上经常是亮的。希望这盏明灯能够照亮整个轻工。

成长的外因方面，我有这么几类人要感恩和感谢：一是企业的老板和工程师，他们对我的帮助挺大，特别是我刚入行的时候，很多东西都不懂，他们给了我很多指导和启发；二是学生，现在很多成长起来的学生，他们对学校的那种恩情和对导师的这种感情是很重的。我组织毕业生们搞了一个会，叫化妆品技术交流会，我们经常搞一些论坛，这是为了更好地培养现在的学生，对于交流会这一块的费用，只要需要的话，这些师兄师姐都慷慨解囊，有些毕业生是一两万的出；三是学校的领导和同事，我们学校历任校长和相关领导都比较关心和支持我们专业，身边的同事对我的协助和帮助也很大；最后还要感谢家人，特别是我太太，我跑外面比较多，家里的事基本上都是她在做，家庭的琐事，还有父母兄弟姐妹的照顾都落在她身上了，这一点我是很感激她的。

您在企业的工作经历对您的教师专业成长有哪些影响？

龚： 影响特别大，没有企业，我真的成长不了这么快。当时我们有一个比较成功的校企合作模式，就是把企业拉到学校来做，他们的研发中心就放在学校，那些年有好几个企业在我们这里做，当时企业也缺人，我们就把学生放在他们的研发中心里做实训，这样企业和学生都很愿意。学生毕业出去以后很快就能上手，几年之后就出了一批老板，这个经验值得推广。

在校企合作的过程中，我也学到了很多，我把那几年积累起来的东西与企业合作一起写成了一本书，书名叫《日用化学品制造原理与工艺》，书里的那些化妆品的配方，全部都是我们自己做的，外面很多学校和机构都喜欢买我们这本书，他们说看其他相关的书，产品很多都做不出来。我们这本校企合作的书很接地气，书的理论部分由我来主笔，实验配方部分由企方工程师负责撰写。

总体来讲，职业教育必须坚持的一点，就是校企融合，离开和企业的合作，肯定办不好高职教育。

请您分享一下您在时间和精力管理方面的心得体会。

龚： 在时间管理方面，我注重效率，一件事能够今天做完的，我绝对不会留到明天，即使时间很晚了，我也要坚持把它做完，因为事情拖到明天，明天又有很多事，所以有时候我写东西弄到一两点也不奇怪。

精力方面，我还算比较不错，平时有空的时候，我会走走路，爬爬山，总体来讲，我算是精力比较旺盛的人。我不太主张年轻老师经常熬夜或通宵，这样太伤神了，还是要休息好，第二天才会有精力。我其实自己也试过，通宵之后第二天是没有精力的，做事的效率很低下，还不如每天休息好一点，第二天提高工作效率。以前因为坐得太累了，现在落下一身病，颈椎不好，腰椎也不好，这些都是做精品课程做出来的。

您是如何让您的工作充满热情和激情以克服工作和职业倦怠的？

龚：偷懒是人的天性，但是有些事情容不得你偷懒。第一个，你既然承担了这份工作，责任心肯定要放在第一位，如果你说得过且过也算了，那不是不可以，但是有些东西有责任心驱使你，你还是要做好这份工作。例如我经常跟我们学校老师分享：我们做老师还是要有责任心，特别是看到学生这么好学，你也有责任把我们的学生培养好，我们也要想着怎么把这个专业办好，你要想着把这个做好那个做好的时候，哪里还有倦怠，很多时候就把你逼上去了，你想倦怠、你想偷懒都没时间。你说明天就要交材料，你怎么偷懒呀；第二个，其实我对教学和科研的这份热爱和激情是和我的好奇心有很大关系的。

回顾过去24年的职业生涯历程，请谈谈您的感受。

龚：总的来说比较难讲，但是，就像以前读过的《钢铁是怎么样炼成》这本书，书里保尔·柯察金说过的一句话："当你回首往事的时候，不会因虚度年华而悔恨，也不会因碌碌无为而羞愧。"还是想做点事吧，从大的方面讲，就是为国家做点贡献，从小的方面讲，要把我们学生培养成有用的人。如果说我们培养的学生都碌碌无为，那我们做老师的脸上也无光。我最高兴的事情是什么呢，很多毕业的学生经常过来看我，这是我职业幸福感最大的时候。培养的学生出了一百多个老板，几百个工程师和高管，我感到很高兴和幸福。

我曾在多个学校做过报告，在报告中总结过"六个一"的教师成长经验，这"六个一"也分享给广州番禺职业技术学院的年轻老师们。它们分别是："选定一个研究方向，加入一个研究团队，服务好一个创新型企业，培养一支学生创新团队，坚守教学一线，讲好和建设好一门课程。"

附：普鲁斯特问卷

1. 您认为最完美的快乐是怎样的？

利人利己。

2. 您最希望拥有哪种才华？

艺术。

3. 您最恐惧的是什么？

无聊。

4. 您目前的心境怎样？

感恩。

5. 还在世的人中您最钦佩的是谁？

比尔·盖茨。

6. 您认为自己最伟大的成就是什么？

成为学生喜爱的老师。

7. 您自己的哪个特点让您最觉得痛恨？

老忘事。

8. 您最喜欢的旅行是哪一次？

全家出游的每一次。

9. 您最痛恨别人的什么特点？

猜忌。

10. 您最珍惜的财产是什么？

情感。

11. 您认为哪种美德是被过高评估了的？

美德值得宣扬，怎么评估都不过分。

12. 您最喜欢的职业是什么？

教师。

13. 您最后悔的事情是什么？

没有多陪父母。

14. 您最喜欢男性身上的什么品质？

担当。

15. 您最喜欢女性身上的什么品质？

体贴。

16. 您使用过的最多的单词或者词语是什么？

搞定。

17. 您最看重朋友的什么特点？

真诚。

18. 您这一生中最爱的人或东西是什么？

家人。

19. 何时何地让您感觉到最快乐？

回老家全家团聚。

20. 如果您可以改变您的家庭一件事，那会是什么？

已经很满意，只需感恩所有人。

21. 如果您能选择的话，您希望让什么重现？

重新变回年轻的自己。

22. 您的座右铭是什么？

今日事尽量今日了。

国家级教学名师朱光力教授访谈录

名师简介

朱光力，1956年生，湖南邵阳人，二级教授，国家级教学名师，1982年1月毕业于湖南大学机制工艺与设备专业。1982年1月至1992年7月在湖南邵阳学院任教，1992年7月至1995年11月在外资企业——深圳华源实业股份有限公司任技术部经理，从事生产线技术改造工作。1995年11月开始在深圳职业技术学院任教。致力于具有高职特色的计算机辅助设计与制造的教学体系，积极进行模具设计与制造课程系列的教学改革与实践，课程教学内容与企业无缝连接，开发了符合高职教学的教学载体，作为主要人员参与教育部的项目"高职高专教育机械基础课程教学内容体系改革、建设的研究和实践"，注重教学方法改革，因材施教，深受学生好评。连续十几年教学质量考核优秀，发表科研论文20余篇，主讲的两门课程《模具CAD/CAM》《液压与气动》被评为国家级精品课程。主编了《塑料模具设计》《UG NX边学边练实例教程》《UG NX注塑模具CAD/CAM实训实例教程》等8部教材，其中国家"十五"规划教材一本，国家"十一五"规划教材三本，国家"十二五"规划教材一本，国家"十三五"规划教材一本。由清华大学出版社出版的《塑料模具设计》自2008年至2013年来已连续四次印刷，受到广大高职院校师生的欢迎。

1999年被评为广东省"南粤教书育人优秀教师"，2005年获得学校颁发的"金牌教师"称号，2006年获第二届广东省高等学校教学名师奖，另外在1998—1999年连续两年及在2002—2005年连续四年学校年度考核优秀。自2000年来7

次获得年度教学质量考核优秀。2009年被评为"深圳市先进工作者"。

访谈纪实

您最终选择教师作为您的职业的主要原因是什么？

朱：教师这个职业相对而言比较稳定，我也喜欢和学生打交道。其实我也挺喜欢企业，在企业更能做出一些实在的东西，如做一些项目改造、技术革新，这些都是我喜欢的。

当您是一名新手教师时，您最需要的帮助是什么？

朱：向优秀老师学习。当时，我去听了一些上课比较好的老师的课，这些老师是学生和学校领导都公认比较好的，我会有意地去找他们学习，去教室里听他们怎样讲课。

请谈谈您的教育理念以及学生观。

朱：我认为经常被学生评价好的老师肯定是个好老师，这些老师肯定都是很负责任的老师。

有些老师认为学生素质太低了，学生是乱打分，我认为不是这样的。我在教学上经过二十多年的了解，包括我现在当督导，我发现凡是学生评价好的，绝对都是很负责的老师。有些老师讲，一些老师评价高是会讨好学生，我认为老师讨好学生，可能他们不会给你打很差，但也绝对不会给你打很高。

其实学生的素质和我们老师的素质是一样的，别看我们老师有博士、海归、教授，其实很多老师的素质和学生没有多少差别，我们只是文化素质比学生高些，道德素质和学生没有多少差别。

作为教学方面做出了贡献的教学名师，您是否认为自己已经形成了独特的教学风格？

朱：我的教学风格，学生对我的评价是有料，又非常风趣。

我讲课，有时候会讲两句幽默话，所以他们就认为听我的课是一种享受。当然并不是每位学生都这么认为，只是每一届总有一些学生特别喜欢听我的课。我讲课非常活跃。我不会总是站着在讲台讲课，我会在学生的座位面前来回走动，和学生的互动比较多。

您平常是如何备课的？

朱：虽然我讲了很多遍，但是我每讲一遍还是会再备一下课，我一定要做到讲得非常流利。比如说我明天要上课了，我肯定会在前一天晚上把上课内容好好看一遍，会再想一遍明天的课怎么讲，我是非常勤劳的一位老师。

我要求自己上课决不能出现某个知识点一下记不起来的现象，或者讲课时在哪个地方卡住了，所以一门课虽然我讲了很多遍，但每次上课之前我都还是会备课。

请谈谈您眼中的师德。

朱：我认为责任心是最重要的。责任心分为三个层次：第一个层次是把教师当作一份自己热爱的职业；第二个层次是爱自己的学生，把学生当成自己的孩子和亲人一样看待；第三个层次是在这两者的基础上产生工作的使命感。

我认为责任心要高于教学技巧。另外，你自己在专业上要有实力和真本事，能让学生佩服你，让他们感到这个老师很有料。

很多人都知道您是一位很受学生欢迎的老师，请问主要的原因是什么？

朱：性格很重要，有些人天生的性格就很受学生和同事喜欢。这和一个人的天性有关，例如，你在街上问路的时候，有些人可能会特别仔细和耐心地给你帮助，不单只是告诉你，还陪你走一段，怕你不会走；有些人就是随便给你乱说一下。

我给学生上课，学生如果来问我问题，我会一直讲到他完全明白为止，如果他没听明白，我心里就感觉自己很失败，所以我非要跟他讲明白了，让他确实掌握了。我认为作为一名老师，这是我的本分。

另外，我有时比较幽默。我认为这个幽默一定要恰当，别搞得太低俗了，这个幽默有时要能给学生一些启发，激发他们的一些想法。

我和学生的关系一直很好，他们觉得我很负责任，我年龄比学生大很多，但他们把我当兄长，他们喜欢和我聊，我的亲和力很强。很多学生毕业很多年了，在工作上遇到问题就会跟我联系，来向我请教一些问题。有一位学生毕业后成了一家企业的技术负责人，碰到一个问题打电话问我，我自己在图书馆查了两天资料，才找到了解决方案。和毕业的学生相互交流，除了能够满足感情的需要外，在知识和技术上也完全是双赢。

学生如果组织毕业聚会，他们会到我家来看我，有次我生病住院，班上有好多学生跑到医院来看我。

您认为促使您成为高职院校教学名师的外因和内因主要包括哪些？

朱：我做事扎实，有责任心，无论是上课，还是其他什么工作，包括编教材，我都非常认真，我会尽可能把它做到最好，这个并不是为了给别人一个什么交代，这是我的性格和我做事的风格；还有我很随和，和同事的关系特别好。名师的评选是从下往上一级一级评的，从教研室到学院，再到上面，都是需要投票的，我这个人特别愿意帮助人，我们教研室，谁要是有困难需要人帮忙，他们第一个想到的就是我。所以在投票时大家几乎都是全票推荐我！

外部的因素的话，主要是有团队的协作，还有学校领导的支持。

朱：在您的生命成长历程或职业生涯发展过程中，有没有对您影响比较大的人？

我母亲对我的影响相对比较大，她也是一名教师，经常教导我学习要努力，好好工作，做事要认真负责。

您在深圳有过3年的全职企业工作经历，这些工作经历对您的教师专业成长有哪些影响？

朱：我在企业工作过，就知道企业需要什么，三年一线实践经历，让我清楚哪些是对学生实用的，哪些是不实用的。我在教书的过程中就会把企业一些最实用和最需要的东西讲给学生听。

请分享一下您在时间管理和精力管理方面的心得。

朱：我还是比较勤奋的，做什么东西，别人看一遍，我可能要看两三遍。我做事的效率并不高。以前，很多的周末和寒暑假大部分时间都是在学校做事，几乎就没休息，我是教研室主任，要不断地写报告，做计划，搞科研。

您是怎样让您的工作充满热爱和激情以克服工作和职业倦怠的？

朱：这还是得看天生的性格，我的性格就是不太爱玩，喜欢搞工作，我原来在企业搞项目，一天到晚在车间和生产线上，如果搞不好，我就停不下来，老琢磨这个琢磨那个，到学校也是一样，经常想着怎么把教材编好，怎么把课上好。做了专业教研室主任以后，就想怎么能够把专业搞好，反正就是想解决各种问题，这个就是我天生的性格。学生反映说我教学好，我心里就会感到很满足，我编的教材，现在很多学校都在用，我也有成就感，这样形成了一个良性循环，职业倦怠就很难产生。

您平常有哪些兴趣爱好？

朱：我比较喜欢游泳，在 50 岁的时候，参加学校游泳比赛，得过这个年龄段的冠军。我经常练习和看一些蛙泳的相关视频，水平逐年提升，在水里游戏感觉很愉悦，看到自己水平进步，也有成就感。另外，平时我还会看看凤凰卫视的新闻节目。

国家万人计划教学名师
刘红燕教授访谈录

名师简介

刘红燕，女，1969年生，深圳职业技术学院二级教授。

国家教学名师、国家万人特支计划教学名师。

先后获得国家精品课程、国家精品资源共享课、国家教学成果奖等若干荣誉。

访谈纪实

刘老师您的教学风格亲和又严格，请问您是如何处理这两者之间的关系的？

刘：其实这两者之间并不矛盾。我对学生的要求一直比较严格，对他们各方面的要求都比较高，但和亲和并不矛盾，我一般还是很照顾学生的面子和情绪，有问题大多课后沟通，一般不会课堂上直接批评。

学生喜欢您的主要原因是因为您讲课很专业，请问您如何让学生感受到您在专业方面的这种实力和魅力？

刘：你让学生喜欢一个东西很简单，首先就是学生自己觉得学了有用；其次，在整个教学过程中，让他们感觉到老师很真诚，是全心全意在帮助他们成长，这样的话，学生自己也会发现这门课的价值，觉得这个东西对他们是有用的，就会慢慢喜欢这门课，正常情况下，学生大都会慢慢投入到课程中来的，同时随着学习的深入也慢慢会有成就感。

在培养学生创新能力上，请您分享一到两个小例子。

刘：我一般是用项目驱动的教学方式来激发学生的创新力，以市场调研为例，里面的很多东西都需要学生自己去解决，我不会满堂灌很多东西，而是让学生自己去摸索，自己去解决，然后自己拿方案。学生自我完成项目任务的过程，本身就是一个创新的过程。

您认为一位优秀的高职院校教师的师德应该具备哪些要素？

刘：教师这个职业是个良心活，首先，你要有责任心，比如说学生肯定是要管理的，学生学习的事不管，那肯定不行，因为学习本来比较辛苦，孩子们需要老师的督促和给予压力与帮助，因此，你肯定需要有责任心帮助和督促学生学习；其次，要认真对待自己的工作，需要不断提高自己的专业水平，你的专业水平要比较好，学生也容易喜欢一个专业的老师；再次，一定要教书育人，要自己在言行上做出表率。

刘老师，您觉得教学这个工作给您带来最大的价值和意义是什么？

刘：这是我的职业，我喜欢这个职业，做自己喜欢做的事，所以我全力把喜欢的事做好；此外，工作就是你生活的一部分，出色的工作不仅带来成就感，而且看到学生毕业后告诉老师我教的课对他的收获最大，我会由衷的感到喜悦……也许，我很少去想这个工作最大的价值和意义在哪里，但是这个工作提升了我的幸福指数。

您认为怎么样才能成为一位优秀的高职院校专业教师？

刘：我认为作为一个职业院校教师，首先应该对学生接纳并且心怀爱心，这个是基础；其次，应该努力成为一个双师型的教师，要了解企业、紧密连接企业，保证自己的教学内容和现实需求一致；再次，应该不断钻研教学模式和教学方法，提升自己的教学水平，不断改革创新。总之，这是需要有一种"舍得付出、勇于创新"的职业情怀的，否则很难取得大的成绩。

您一般是如何安排自己的工作和休闲时间的？

刘：我一般尽量在学校把该做的工作做好，不把工作带回家，除非有特别急迫的项目。假期我基本上都在外面带孩子旅游。我喜欢生活有节奏，能劳逸结合。

请您谈谈在平衡工作和生活上的一点体会。

刘：我可能没有觉得工作和生活是矛盾的，也就很自然没有平衡的问题。如果说谈点经验的话，就是做事一定要有计划，要提高效率！我是属于那种做事比别人快的人。这就好比你做一顿饭需要三个小时，我只需要一个小时……效率就可以节约出时间，当然，做事的方法和节奏也跟性格和做事风格有关系。

您一般是如何安排和享受自己的闲暇时光的？

刘：看小说、旅游、看电影、陪孩子，有时打打球。

您在面对压力时的心境是怎么样的？

刘：面对压力，不必太刻意想它，一般压力来自有很多事情没有完成，那么第一是抓紧干完要干的事；第二个，如果说觉得很累了，就去休闲一下玩一下，看场电影放松一下，接着再来干。

在您的生命成长历程中，有没有对您的成长有比较大的帮助和影响的人？

刘：人可能谈不上……我认为我是喜欢读书的人，更多的营养和能量都是来自读书。我在大学时基本上把那个时代该读的书都读完了。我爱好比较广泛，读的书比较杂。这是一个非常大的数量。我的成长是这样的，读了无数的书，最后全都忘记了，但是它会慢慢影响我的生活和价值观。这个积淀很重要。

请用几个关键词概括一下您在教育事业上取得这些成绩和荣誉的主要原因。

刘：激情、专注、天分，最重要的是舍得付出。

您在企业的工作经验对您在教师专业发展上最大的影响是什么？

刘：讲求效率，舍得付出。企业是讲效率和讲付出的，在企业工作一段时间后，你会把效率和付出这种职业精神带过来。这种职业精神对我有很大的影响。

请您聊一下您在社会服务方面的心得体会。

刘：主动走出去，主动去学习，慢慢会认识很多业内的人，慢慢地机会也会找上来……

您在科研方面也同样成绩突出，请谈一下心得体会。

刘：首先要花时间去钻研，主动去阅读大量资料，去不断练习、尝试，慢慢掌握一些做科研的方法。当然，可能也和文字功底有关，因为我读过太多书，文字功底比较好。

广东省教学名师袁军平教授访谈录

名师简介

袁军平，男，1969年出生，工学博士，教授级高级工程师，广东省教学名师。珠宝首饰质量检测高级考评员。现任广州番禺职业技术学院珠宝学院副院长、广东省珠宝首饰工程技术研究中心主任、广东高校珠宝首饰工程技术开发中心主任、珠宝首饰技术与管理专业带头人、首饰材料工艺研究所所长等职务。

曾在国有大型企业、外资企业、研究院工作10年，从最基层做起，先后担任过学徒工、工艺技术员、经理、车间主任、生产部长、研发部长，积累了比较丰富的实践经验。到广州番禺职业技术学院任教以来，与其他教员一起勇于探索和实践，紧紧围绕服务地方经济、校企深度融合的职业教育宗旨，形成了清晰的办学思路和鲜明的办学特色，在各级领导和社会力量的关心支持下，实现了珠宝专业的跨跃式发展。2005年成立了全国首个大专层次的珠宝学院，珠宝首饰技术与管理专业先后成为广州市高职高专示范专业、广东省高等学校示范性建设专业、国家示范性重点建设专业、"珠江学者"设岗专业、广东省一流院校计划重点建设专业、国家双高计划高水平专业群建设单位。主持的《首饰制作工艺》课程先后被评为国家级精品课程和国家精品资源共享课。2008年建成了全国领先的珠宝首饰工艺类校内生产性实训基地。先后主持承担了多项纵向科研项目及企业技术攻关项目，科研成果应用于企业生产实践，取得了明显成效。先后发表科研论文110多篇，其中SCI/EI收录论文20余篇；获得国家发明专利授权19项，实用新型专利授权33项；曾获得广东省科技进步一等奖1项、中国有色金属工业技术进步一等奖 1 项，三等奖 2 项，主持获得"广州职工创新示范基地"荣誉。获得国家教学成果二等奖 1 项，广东省优秀教学成果一等奖 1 项、二等奖 3 项。出版专著 2 部，编著 6 部。先后成为广东企业科技特派员，广东省高等学校"千百十工程"培养对象，广州市优秀专家（A 证），广州市优秀教师，广州市"121"高层次人才梯队后备人才和广州番禺特邀进驻企业科技专家，并获聘为华南师范大学和暨南大学兼职硕士研究生导师。

访谈纪实

让您最终决定选择教师作为您的职业的主要原因是什么？

袁：在学校可以更好地静下心来做研究，我曾在港资企业、国有大型企业、小企业都呆过，在企业工作真正让自己做研究的时间较少。

作为教学方面做出了贡献的教学名师，您是否认为自己已经形成了独特的教学风格？

袁：在企业工作一段时间后再来学校教书，有一定的实践经验，在教学的过程中可以植入一些真实的案例，把这个内容变得生动起来。

您比较受学生欢迎的主要原因是什么？

袁：谈不上有多受欢迎，我的学生评教也不算很高，如果说我还比较受学生的欢迎的理由的话，应该是我和学生接触得比较多。我们专业属于工科，它的专业知识和技能比较强，它不是单纯靠学理论可以学到东西的，也不是单纯靠练习手上的功夫。很多时候，有一些实实在在的有工程背景的问题和项目，我会让学生参与其中，通过探索或探究式的方式来完成学习。那么，在这个过程中可能会碰到很多问题，可能是操作方面的问题，也可能是这个问题背后的一些理解和分析。这些问题就会逼着学生去思考、查资料、想办法，去找到解决问题的办法，或者说弄清楚到底是什么原因，在这个过程中，老师会起到非常关键的作用。

不是说探究性的学习就是放羊不管，这个绝对不可能。实际上这个过程中老师付出更多。我们的学生不像本科院校学生那样，本科的学生基础打得比较扎实，我们的学生要直接跳跃到这一步。因此，这个过程中有关学生的方向性探究,他们不可能一开始就自己弄,必须要老师去指导他,很多时候需要老师直接给他选好题。

另外,还有拟定一些实验方案。具体用什么方法,它的整个试验方案和试验内容基本上都要靠老师来指导,或者是我们老师先给他做一个框架,再让他自己去弄。然后在这个过程中学生要具体做一些实验,很多机器设备的操作,他们原来都很少接触,这就需要手把手去教他们。因此在这个过程中学生也可能付出了很多劳动,但是,他们对知识这一块的领悟,他们学到的技能,都是终生都受益的。

培养学生这一块有没有较为具体的例子给我们分享?

袁:我们每年都有一个内部的优才计划,专门组织一些有一定基础、比较勤奋和主动、对学习比较感兴趣的学生,然后组成一个小组,我们有工程中心,工程中心会去确定一些探索性的项目。比如说有做材料方面的,有做工艺方面的,我们有些学生做工艺塑造这一块,他们在这个过程中就很容易出现问题,出现了问题,当然就要去找原因,那就通过很多的实验去练习,在其中找规定变化的某个参数,然后再来看它是什么结果,最后把这个实验的过程整理出来,写成一个报告。完了之后,我们认为这个报告还不错,就会再指导学生把它写成一篇论文,发表出去。我们有一些学生发表的论文都是核心论文。那这个过程中,学生得到了锻炼,特别是在创新思维这一块得到了很好的历练。

您理想中的好学生是什么样的?

袁:不是死读书的那种。老师说什么那就是什么,非常的听话,但是这个什么东西稍微变化一下,他就没有办法,这种学生实际上对他个人以后的发展来说不会有太大空间。

我们非常喜欢这样的学生:他经常对看到的一些东西比较有兴趣,比较有探索精神,更主要的是有不畏难的精神,碰到问题了不是绕开走,而是想方设法迎头面对,想方设法找办法去解决,这是非常关键的。

在教育中,并不是听话的学生就是好学生,往往比较活泼或者调皮的学生反而在这些方面的能力比较突出,如果学生进入我们的兴趣小组里,我们会尽可能根据他个人的特点去因材施教，尽可能把他的基础和兴趣结合起来，让他能够有持续学习的动力，我们尽量把学生的潜能激发出来。

在您的成长过程中您认为有哪些重要的因素助推您成为一名省级教学名师？

袁：讲实在话，第一我从来不认为我是教学名师。第二，我也从来不认为我的能力达到了教学名师。为什么这么说呢，作为教学名师，你不但要有名师的风范还要有真正能够拿得出手的东西。我自己认为都没有达到。

我认为高职院校衡量一个教学名师特别是工科类的教学名师的一个重要的指标是看这位老师的社会服务能力。我们说，高职院校要培养应用型人才，还希望学生能无缝零距离衔接岗位，要做到这个的前提是什么？是老师要有较强的社会服务能力，他了解企业需要什么样的人，这样的人需要有什么样的知识和技能。如果老师都做不到，还指望教出来的学生一去马上就能无缝衔接上岗，这是不可能的事。

袁老师您在工作上一直是位很努力和实干的人，请您谈一下您的工作体会。

袁：努力不努力，在于你有没有兴趣，有兴趣，你就乐在其中，可能人家看起来觉得你很傻，人家周末放假都休息，你一天到晚在学校做事。但是你可能认为我在家闲着还觉得无聊，那就干脆来学校做点事，我觉得自己今天又好像琢磨出了一点东西，觉得挺感兴趣，或者是说觉得有点收获，那不挺好吗？所以说兴趣很重要，它能够支撑你不断的热爱这份工作，让你把这件事情持续做下去。

在您的教学专业发展过程中，有没有对您的成长起关键性或决定性影响的人和事？

袁：那肯定是有的，我们珠宝学院的工作氛围特别好，就像我们的院长王老师，我们之间从来不称呼职称，大家都是互相叫老师，他也像老大哥一样亲切，在工作的过程中，身边有这样好的氛围和环境，对一个人的成长有非常大的正面影响。为什么有些人在自己单位本身能力很突出，最后却不得不走了，这可能就是工作的氛围并不好。所以说组织环境很重要。

另外，对我和学院成长起重要作用的是企业对我们的帮助。我们珠宝专业是个小专业，也比较偏。进入这个行业，圈子很窄，所以这个专业要生存和发展，除非做出特色，做出一些成绩，不然很快就可能会被边缘化。我们的专业要发展，需要有资源，这个资源很多时候都是看苗浇水，你办得越差就越没有人愿意帮你，你做好了，很多事情都是锦上添花的，大家都愿意去做。

所以到现在为止，我们非常感恩外面的几家企业，他们对我们的支持那真叫雪中送炭。我们办这个专业时条件非常的差，实训条件更是如此。我们的电脑是企业送的，包括后来不少实训设备也是企业捐赠的，还有我们人才培养方案的制定，也有赖于企业专家的参与和协助。这些帮助我们的企业我都很难忘记，也是我最感恩的地方。

通过这些年的建设，到现在，我们都为建成的校内实训基地感到自豪。国内的珠宝同行到我们这里参观都非常惊讶，包括本科珠宝专业的老师到我们这里来参观也感到赞叹。到目前来看，不管是我们的硬件条件，还是师资配置，都做出了一些成绩，我们也感到欣慰。你付出了辛劳，最后还是有些成绩的。说到最后，我想讲的是，这些硬件和软件条件的改善实际上是可以推动个人的成长和发展的。

袁老师您在企业多年的工作经验对您教师职业的专业发展有影响吗？

袁： 当然有，企业跟学校很大的不同就是企业更实在，速度更快。所以这些企业的做法和理念肯定影响了我。同样在这个教学过程当中，我也会对自己有一些要求，就是尽可能又快又好的把知识和技能传达到学生身上。

我们职业院校和企业打交道，还是不能按我们自己这一套作息制度来对接企业的业务往来，如果速度太慢，企业和我们的合作就可能没有下文了，我们得把执行力和效率适当提高。你的项目如果不能和企业同步，人家提出一个项目，你搞了几个月还没有一点动静，企业可能早就找其他人去做了。

所以，我们的老师有机会的话，都应该到企业去锻炼一下。企业的工作历练，会让你的教学更接地气，对科研会有帮助，对你执行力和工作效率的提升都会有一些帮助。

请您谈一下您在时间和精力管理上的一些心得和体会。

袁： 说实在话，说这个就很惭愧，我没有能很好地平衡好工作与生活。在工作上时间肯定是投入要多，任何一个人都是如此，真想出点成果的话，你怎么可能说又想偷闲轻松，又想搞一堆业绩，这是不可能的事，所以要有汗水浇灌进去，要有时间沉淀和积累。

请谈一下您在科研这一块的时间投入和规划。

袁：我基本上很少有一个假期都休息。就比如今年暑假，实际上我们有几个老师、两个实验员，还有我，真的是在这里折腾了好久。做实验不是说你做一次两次就能行的，可能几十上百次都是失败、失败、失败，那也没办法，你还是要想其他办法再去做，这个肯定要花时间。

我们做实验和本科院校不太一样，本科院校有学生协助，我们这里就不一样。第一，像假期，学生几乎都不在这里。第二，学生平时课程特别多，他们没有时间来协助你做实验，所以我们老师要发展，要取得一些业绩，不要太多的指望学生给你做，你要自己去做，自己动手。

您是如何对工作充满热情和如何克服职业倦怠的？

袁：这个还好，没有遇到过太多倦怠，为什么比较少？在很大程度上来源于跟企业的日常接触多，相当于老有外力推着你，企业不断地有新问题出来，你解决了这样一个问题，等一下企业又说碰到一点其他的问题，有些东西你很熟悉，可以给他一点指导或者建议。但好多东西你不熟，你就得逼着自己去钻研。

所以说，做一个职业院校的老师，如果你讲课讲个三五年，用来用去还是那本教材，用的还是你原来做的那个PPT，那可能就落伍了，和外面的东西有脱节。所以这种外力推着你发展的话就根本没有职业倦怠。另外，你解决了企业的一个又一个问题，不管是大是小，你会有成就感。还有，你帮企业解决了问题，那么安排年轻老师去企业锻炼就更方便找平台了，学生找工作也多了一些渠道。我们不要变成什么东西都求人家，互相都要有付出，互相都有收获，这样的校企合作才能持久。你要是老让人家来对你付出，像扶贫一样，老来帮你一把，帮到后面，你自己也不好意思，你欠人家太多了。

国家万人计划教学名师
阚雅玲教授访谈录

名师简介

阚雅玲，女，1967年出生，河北唐山人，二级教授，高级经济师，国家万人计划教学名师，广东省特支计划教学名师、广州市高层次人才（优秀专家）。曾在特大型企业工作10年，2000年来到广州番禺职业技术学院任教，曾任管理学院院长10年，2016年牵头成立店长职教集团，现任常务副理事长，中国连锁经营协会校企委特聘专家，多家企业和院校的管理及专业顾问。

阚雅玲主持的《工商模拟市场实训》《职业规划与成功素质训练》分获2008年度和2010年度国家精品课程，获2016年度国家精品资源共享课程和精品视频公开课程。主持的《商科学生"实战型、体验式、网络化"技能与素质并进的课程创新与实践》荣获2014年国家教学成果二等奖。主持的《基于现代学徒制的零售店长人才培养体系》荣获2017年广东省职业教育教学成果特等奖、国家教学成果二等奖。阚雅玲带领市场营销专业通过教育部首批现代学徒制试点项目验收，并获评典型案例；带领店长职教集团获评教育部首批示范职教集团建设项目；本人入选广东省职业教育名师工作室主持人。

先后发表论文40余篇，专著7部，编著教材10余部，完成各级各类课题10余项。曾兼任香港公开大学、澳门公开大学客座教授、MBA导师，先后任多家企事业单位的企业管理咨询顾问和人力资源管理顾问。曾为中高职院校开设课程建设、专业建设、示范建设、现代学徒制、中层领导力、课程思政等公开课程，培训近 3 万人。

访谈纪实

您的家庭背景和家庭文化氛围对您的成长有哪些影响？

阚：我父母是老师，家教很严，他们做人做事规则性很强，标准要求很高，我父母对我的要求就是这样，他们自己也是这样，很自律，也是很能替别人考虑的人，还有就是能给自己多留余地。我是在这样的家庭背景和氛围中长大的，这就使得我自律、自主性有余，但是人际交往的开放性可能会不足。另外，就是做事做人认真严谨有余，随性或者说是冒险精神不足。

您刚刚说的给自己留有余地指的是？

阚：这个给自己留有余地是指给自己更多的主动。比方说从父母过日子上来讲，他们肯定不会说让我手上花到一点钱都没有，让自己很被动。另外，如果要完成一个什么任务，他们一定不会说到那个点才去完成，往往会提前完成，还有比方说和对方约定一个时间见面，一般都会提前到达。另一个方面，也包括给自己有更多的选择性，这样就不会让自己什么事都非常被动。

请谈一下您童年和小学的成长经历。

阚：童年最深的印象是教师家庭的清贫以及计划经济给我们日常生活带来的影响，我这方面的童年印象非常深。我父母是教师，给的粮食定额每月是 29 斤，我同学父母是工人的每月就 45 斤，我们家的粮食不够吃。

我印象最深的就是吃饭的时候一人一份，我每次吃完就会留半碗饭，说我吃饱了，然后把剩下的饭给我哥我爸他们吃。家里吃不饱的时候，就要去买红薯。去买红薯的时候我年龄很小，然后父亲骑自行车，拿一个口袋就出去了，他们走了以后我就在家里盼着等着，看他能否按时回来。

这些事情给我的童年留下了非常深刻的印象，这种家庭的清贫会让我更有动力去努力学习，养成了穷且益坚的品性。

请您大致聊一下小学阶段的学习情况。

阚：我印象比较深刻的是我父母每一个假期都让我把下个学期的课程学完。

这就养成了我独立学习的能力，父母只是在我感觉很难的时候指导一下，其他的其实都是靠自学。

他们初心是：你假期已经把下个学期的课程都学完了，那到下个学期就会领先别人，这也让你有一种优越感，每当老师讲到这个问题的时候，你都是会的，这是一个方面。另外一方面，给我的影响是我做什么事都先人一步。我整个小学都是这样度过的。我在小学的成绩基本上总是保持第一。

还有一方面，从某种意义上说，我懂事也特别早，不会像现在小孩子觉得做作业比较烦，或者有反抗情绪。可是这也有不好的一面，就是养成了我不太喜欢和不太认真听讲的习惯，因为很多知识都懂了。

我从小学的时候就做班长，我们班有一个数学老师，他住在比较远的地方，年龄大，身体又不太好，经常上课会误点。每次上课铃响了以后，这个老师可能迟到十分钟甚至半个小时，这个时候基本上都是我去执掌讲台。这件事一方面给了我成就感，也锻炼了我，另一方面，也让我从那个时候就觉得做老师是一件非常好的事情。

请您聊一下初中、高中阶段的学习情况。

阚：我初中和高中全部是住校。印象最深刻的就是那六年全是应试教育，住校后基本上就脱离了社会。应该来说，那六年对一个人的成长除了那些课本上的东西，其他社会上的东西都是空白的。其实这也进一步强化了那种家庭的清贫带给我的不是很美好的感觉，毕竟那六年是自己最青春的时光。我们姐妹三人曾经同时在省重点学校住校，虽然学费没多少，但是生活费还是要花的，在学校吃饭也会给家庭带来经济负担。

您那时的成绩如何？偏科吗？

阚：成绩在班上基本上是前十。

我不偏科，这个最主要的原因是什么？有人是按兴趣做事，有人是按责任做事。偏科的人就意味着你喜欢的课，你就把它学好，你就把它做好，你不喜欢的课，不喜欢的老师，你就不好好学。我从小受父母言传身教影响，责任意识比较重，我是按责任做事。所以不存在偏科现象。

大学阶段，您是如何提升自己各方面能力和素质的？

阚：当时我选的是计算机专业，这个专业是我爸帮我选的，我自己是想考师范的。我爸说他们都是老师，我姐也读了师范，就不希望我再去做老师了，然后给我选了计算机专业。但事实上到了学校以后，我发现自己是一个特别不擅长跟机器、跟技术打交道的人，我喜欢和人打交道，就挺郁闷。我想如果我这一辈子只是跟计算机打交道，那自己的职业生涯真的是会非常的悲哀。

后来有了一个机会，就是能够选第二学位，但班上名额只有3%。我们班29个人，所以只有一个名额。那也就意味着你要在前三个学期拿到第一名，从第四个学期你才有机会去读双学位。所以我前三个学期拿到了第一，第四学期就两个专业同时学。

其实现在回想起来，大学还是挺美好的，因为它再也不是把我束缚到一个校园中，持续几年的应试教育，一下子就觉得大学是一个很大的平台，我接触到一些非常优秀的老师和同学，学校里也有非常多的资源，自己也开阔了眼界。那时候就觉得我可以突破自我，释放自我。

除了可以同时学两个专业以外，我基本上把大学的资源可以说是淋漓尽致地利用了起来。我是冬泳队、武术队、篮球队、足球队的。我参加了学校各种各样的演讲比赛，从我们系的比赛，一直到全校的比赛，大学期间辩论赛也参与。

总之，大学期间的这些平台，让我可以非常好的去提升自己各方面的素质和能力。另外，我大学拿到了两个学位证书，那两张毕业证对我来讲含金量是非常高的。

请聊一下您在国企十年的企业工作经历。

阚：毕业后，我去了山西晋城的一家大型国有企业，那时我双学位在我们单位里面是最高学历。国企十年，我主要的工作是企业标准的管理，然后做过企业全面质量的管理，还做企业方针目标管理，然后中间有一个比较大的变动，后来去做了企业的股份制改组和公司制改造，到最后离开的前期是做的整个公司的战略规划，还有政策研究。在国企十年，主要就是这些方面的内容。

有没有做过几件让您有成就感的事？

阚：如果说有一两件有成就感的事的话，最有成就感的是我们企业当时在银行有一个13亿元的借款。我拿出来一个债转股的方案，就是把企业的这13亿的债改成股份，后来国家的相关部门进行了批复，成功地完成了企业的公司制改组，这个算是我很有成就感的一件事。对于国企的这种改造，你对政策的把握要非常到位，不到位的话，这个方案很难得到批复，也就是说你要了解宏观的形势，国家的各项相关政策，更要非常熟悉企业的财务、人事、生产运作、销售这一系列方面的工作。

最终让您选择做一名教师的最主要原因是什么？

阚：我喜欢，这个是毋庸置疑的。我早年的职业理想也是做老师，但是后来自己选择的第一份职业不是教师，我内心好像一直有一个东西在指引着我，让你一次次面对机会的时候，总是不忘初心。

后来我考取了西安交通大学读MBA。MBA的学习让我更加不安分，会很想把我骨子里边或出新的东西变成现实。所以，当我学完MBA的时候，我就决定必须换工作。第一个想离开内地，第二个，就是如果有机会的话，我肯定还是选择做老师。最主要的机缘就是这样。

请您大致聊一下从2000年至2007年这八年专职教师的教学生涯历程。

阚：其实当时自己的目标非常明确，我就是想做一个老师，然后想做一个优秀的老师。我想做教授，当时我在想这条路该怎么走，我就给自己大概订了一个目标，我希望五年能够把教学问题解决。也就是说五年过去以后，我能成为一个非常优秀的教师。

确实到了2005年，我就成为我们学校的首届教学名师，我应该是最年轻的一位校级名师。这五年，我认为我的教学达到了一定的水平，应该可以朝着科研去努力了，我就又给自己定了五年的目标，计划用五年的时间解决科研的问题。前边那五年有教学改革的引领，后面几年又做了香港公开大学和澳门公开大学MBA的导师。做导师要指导学生的毕业论文，那你自己要有很高的学术水准。那几年我也发表了与人力资源和战略管理相关的一些核心论文。那段时间的导师经历对我科研的成长有很大的促进和帮助。到了 2007 年我申报了教授，当年就评上了。

想聆听您的两门国家级精品课程的大致创建经历和心得。

阚：《工商模拟市场》是 2008 年评上的，《职业规划与成功素质训练》是 2010 年评上的。这两门课应该说是我从教以来职业生涯中非常重要的两个抓手。为什么这么说？一些老师他可能做了五年十年，你问他做了什么，他没有一条主线。但是对我来讲，我的主线是非常清清晰的，就是培养学生的高素质和强技能。

我们工商企业管理专业在高职不是主流专业，其实它很难做。很重要的原因是这个专业不好实践，人、财、物、产、供、销都很难去实践。所以当时我就想，如果我们没有一门强技能的课程，这个专业就没有立足之本，所以《工商模拟市场》实训课就是一门一步一步提升学生专业技能的综合实践课程。

这门课程解决强技能的问题以后，又会听到企业家和专家的声音，他们说其实专业技能是很好培养的，但综合素质却很难。这也是一个非常现实的问题，那就得去解决。后来，我们又开发了《职业规划与成功素质训练》这门课。

这两门课程其实就是作为我们的两个产品来服务学生的，包括其他工作，无论是教改课题、论义、指导竞赛、做教师培训，我的工作都是围绕着这两门课去做的。

很多人工作不聚焦，东一锤子西一棒子。我的工作是非常聚焦的，就围绕着这两门课，包括我自己做了管院院长以后，其实我也有两门课，一门课是面向教师的，就是聚焦提升教师的综合素质和能力的一门课，叫《成为一名优秀的高职教师》；第二门课就是面向学校中层领导的一个培训课，叫《高职院校中层领导力和执行力》。

请分享一下您的教育理念。

阚：我的教育理念最核心的就是以学生为中心，这个理念好像谁都知道，但是很多人会把它停留在表面。比方说我问一些老师，以学生为中心，是学生的什么为中心？有的人就会说，是学生喜欢的教学方法。事实上他没有认真思考过到底以学生的什么为中心。

其实以学生为中心，更重要的是以学生的能力为中心，这是很重要的。那么是以学生的什么能力为中心？我认为方法能力和社会能力是非常重要的。

所以有些老师没有从最根本上理解什么是以学生为中心，这就是教育的理念问题。其实我们除了教育的理念以外，还有一个问题，就是职业教育的理念。如果说是职业教育的理念，那你就必须要解决为谁培养人，培养什么人，怎么培养人的问题。如果我们只谈教育的理念，那以学生为中心就行了，以学生的能力为中心，以学生的方法能力和社会能力为核心，这就没有问题了。但我们不是本科，我们也不是高中，我们是职业教育，你的职业性何在？是为我们国家战备培养什么样的人？为什么样的行业培养人？为什么样的区域经济培养人？最终我们确定的是面对零售业。那么培养什么人？是培养店长。我们要培养管理加技术加艺术的复合型人才，所以我们要培养店长，就是要具备管理技能和艺术修养。至于怎么培养人的问题，管院这么多年探索的就是现代学徒制，如果不通过现代学徒制，我们是很难培养出这样的店长的。我们为什么要做现代学徒制，就是学生一定要到工作岗位上去学。

请问您在课堂上有过"心流"体验吗？

阚：每一节课不都是这样吗？我每节课都会是这种状态。这是我对我课堂的要求，我讲课的时候是忘我的，无论我的身体状态、情绪状态，还是我的思维，都非常专注，那一刻我能够把自己的潜能都焕发出来，所以我会去超越自己。这也是我对自己上课的要求。我非常享受上课的这个过程，如果不是这样的话，那这个课那我觉得太难受了。

另外，还不只是说我讲的时候进入心流的体验。关键是你让学生做，你以学生为中心，要让学生也能达到这种心流的状态。在我的课堂上，学生非常的投入，非常的嗨，甚至忘了下课的时间，没有学生盼着下课，下课的时候还不愿意走。

您认为自己在教师职业上是很有天赋的人吗？

阚：我想天赋应该不是最主要的。你要知道自己的优势和劣势到底是什么。你要能够非常清楚地去对自己进行客观的分析。然后，你要能够找到与你的优势和特长匹配的工作。对于我来讲，我在企业工作 10 年后转型做教师，教师这个职业是和我的价值观、兴趣、能力非常匹配的，这是第一。

第二，同样天分的人，同样有这种能力的人，他过了 5 年 10 年以后，还是会表现不一样，无论是思维还是表达，你努力了和不努力，最后的差别是非常大的。

请大致聊一下您在科研方面的心得体会，您在哪些情境下创造力会比较强？

阚：无论是科研，还是社会服务，我认为最重要的一点就是源于工作，高于工作。我所做的这些科研的选题或者社会服务，都是源于我的工作，都跟我的工作相关。我的科研都是工作问题导向，在工作中发现问题了，就去解决问题，解决问题以后，再去把那种普遍性的规律提炼出来，升华到一定的理论层面。

早年刚开始写论文时，毕竟我来自企业，科研学术的起点不高，基础不深厚，也没有受过科班的学术专业训练。当时有一位老师跟我说过一句话，他说你去读一百篇文献，读完了你就有感觉了。我本来是一个不爱读文献的人，我的学习主要是源于工作，从实践来。但后来我还是听了那位老师的话，虽然我也没有完全读完一百篇文献，可是这对我的影响很大。它让我知道现在前沿的东西是什么，别人已经研究到了什么程度。这些东西都知道了，那么我就在每次的教学工作的过程中去发现问题，去思考问题。然后到了暑假就开始写论文，去解决问题。

您 30 岁出头就给广东的不少知名企业做过培训，您是怎么做到的？请您谈一下社会服务这一块的经验。

阚：现在回过头去看，我想如果一个人不是能力特别强，还是要沉下心来，沉下心来慢慢地积累。

我能够走上这条路，是因为当时我们学校跟澳门公开大学有 MBA 班，我当时在这个班上课，学员里有不少人都是企业家。可能是因为我的表达，或者授课方法还不错,那些学员对我还是很认可的。后来就有学员请我到他们企业做培训。一次讲好以后,学员们就口口相传,后来培训的机会就多了起来。所以我认为,你把眼前的每一件事情做好,去珍惜每一个机会,这个是非常重要的。

请聊一下您一手创办创业教育中心、教师发展中心、职业店长集团的感受和体会。

阚: 其实这三个就是围绕着我做院长的三个工作的基点:学生、老师、企业。学生就是创业教育,除了培养学生高素质强技能以外,还要解决学生创业方面的能力,那么得有这样的一个机构去培养。所以就想着一定要有这样的一个中心。

成立教师发展中心,这一直是我的一个职业理想,我一直希望有一个机构,对老师没有制约、没有检查、没有惩罚、没有监督,给老师的只是支持和帮助。这是我一直有的一个想法。因此在2014年就成立了。

职教集团肯定是为了企业,这个平台给了企业人才选拔和培养的机会,也加大了校校、校企、企企之间的交流和合作。我们这个职教集团在2017年被选为全国的典型案例,2018年又被选为广东省示范职教集团建设单位。

从2008年至2018年,十年管院院长经历,您主要的工作体会和收获是什么?

阚: 这种体会太多了,一两句话说不完,所以我专门写了一本书,《高职院校中层领导力与执行力》,这是我十年工作的一个总结,领导力和执行力是中层这个岗位最关键的两个因素,想带好这个团队,你一定要有足够的领导力,它不是这个岗位给你的权力,而是一种影响力,是别人追随你的,在你身上体现出来的个人的一种能力。另外,相对自己的下属,相对自己的领导,你还要有足够的执行力。

我自认为是一个执行力非常强的人,这个执行力来自什么?第一个是来自自己的一种意识,可能我是从企业来,一个规定下来,不管你认同也好,不认同也好,一旦它成为企业的一种指令,就应无条件地执行。这是我们组织的一个原则。第二个,怎么能够执行到位?我认为思维和方法很重要。你首先要弄清楚目标是什么？你一定要知道目标在哪里，要达到什么样的结果才能够满足领导或者这个任务的要求。目标有了，接下来就是方法的问题，怎么才能够达到这个目标？应该要用什么方法？这是下一步需要思考的。

请您用几个关键词概括一下您在职业教育事业上取得这些成绩和荣誉的主要原因。

阚：一是"进取与超越"，进取与超越是我取得这些成绩和荣誉的很大的动力，或者说是内驱力和进取心，自己在不断追求卓越；二是"责任与兴趣"，三是"思维与行动"。我的思维方式很好，行动力也很强。

请畅想一下十年后的您会是什么样的一种状态？

阚：我第一个十年给了企业，这十年培养了我非常重要的行业企业背景及对企业管理实践的能力，特别是我的战略思维能力。十年过去以后，开始追寻自己的职业兴趣和职业理想，开始做老师。其中前面八年我曾经算过一笔账，如果我一年教500个学生，那八年无非也就是4000人；后来我当了系主任以后，虽然我要带着老师们很有耐心地重复我过往的事情，但是我当时就想，我们管院就算有50个专任老师，每个老师也教500个学生，那意味着我一年就可以影响2500个学生。然后我接下来的这十年要做名师工作室，每年省培国培培训的老师，最少有2000人，每个老师影响500个学生，那我就能够影响到1000000人。所以，对我来讲可能最大的成就感是一步一步地能够影响更多的人。

在您的生命成长历程和职业发展过程中，有没有对您的成长有比较大帮助或影响的人和事？

阚：这个肯定有，40岁或45岁以前对我影响最大的是那些50后、60后的前辈，像我们学校早年的焦书记，现在的王晓敏副校长，包括当老师的时候向其学习的第一个人田伏礼老师，当我做专业建设的时候向其学习的杨则文老师，当我做管院院长的时候是向其学习的张来源老师，这些人对我的影响都是很大的。

但是当我45岁以后，对我影响和帮助最大的是70后和80后。也许到45岁的时候，我慢慢地开始达到职业的一个巅峰，也就意味着下一步可能无论精力、体力、智力、思维，还是眼界都会受到一些限制。我自己很难进一步去超越，甚至说我的那些前辈也很难给予我指导的时候，我就会蓦然发现，到了这个阶段，其实那些70后80后的人身上有很多我要学的东西，而且对我影响很大。

比方说谭福河老师，以前，在我的工作词典里边，我只谈责任，不谈兴趣。虽然说我的职业生涯转到做老师是因为我的兴趣，那是我选择职业生涯的主因。但我真正面对一项工作和一个岗位的时候，我不谈兴趣。谭老师他就很讲究兴趣，他在工作里还经常说"故事"这个词，在我的词典里面没有故事，只会说老师们别出"事故"，我不希望工作和生活扯到一起，但是像这些70后80后，或者至少在谭老师身上，他会觉得我们在一起工作的时间可能不会比和家人在一起的时间少，他认为工作就是生活中的一部分。这些理念对我的影响都特别大。

请问组织支持环境和机遇对您的成长和发展有哪些影响？

阚：每个人都有适合自己成长和发展的土壤。我也听到很多人说自己学校有这个问题，那个问题，我想说哪个学校都有问题，作为一个职场人，你一定要学会趋利避害、扬长避短，不能只是发现问题、报怨问题、汇报问题、上交问题，一定要学会积极主动地去解决问题，至少要做到适应你不能改变的、改变你不能适应的。

我很感谢广州这个大城市，这个城市的环境很包容，它给了我这样的人一种相对公平公正的成长土壤，让我能够过上我想要的生活，实现我自己的职业理想，让我能够在我的工作中获得成就感。

还有我们学校，我认为它有一个比较纯净自然的人际氛围。还有一点就是学校的顶层设计，因为我们学校没有行业背景，所以不好做顶层设计。但是事实上我很享受学校这种不强行用顶层设计来束缚我们基层手脚的这种文化。学校领导能够去鼓励和支持基层的这样一种探索，我也非常感谢领导对我的支持、信任和包容。

您的语言表达、逻辑思维、写作等能力都优于一般教师，您是如何培养和获取这些能力的？您是否认为有些能力是天赋占主要成分？

阚：我自己找到了把这份天分放到教师这个岗位上，或者说我用我的优势找到了我适合的工作，但有的人可能有别的优势，有别的天分，但是没有去找到适合自己的职业或自己的领域。

我也不认为我一开始就很强,我依然认为我现在这种状态是我通过后天的行动、实践和努力取得的。在我的同龄老师中,没有人做过我这么多的培训,小的时候我经常要去站讲台,我第一次演讲的时候,腿是一直在抖的,我也会很紧张。很多人都以为阚老师出口成章,但我没跟你们讲过,我事先都是要自己一遍一遍地过稿的。我所有的发言都要先想清楚,如果不能够把稿子全部写出来,那起码会把前边说的那三分钟写下来,我会让自己有一个很好的开场,开场了以后我就进入专注心流的状态,这样就会把我的潜能调动起来。

我承认天分,但是我依然认为后天的努力很重要。

请您分享一下您在平衡工作与生活上的心得体会。

阚:我有超强的计划性与先行的能力,什么时间干什么,然后把已经有时间节点的事情全部提前完成,这就会给我留出来很多的空余时间去享受生活,以及去做那些突如其来的工作,让我不至于焦头烂额,不至于手忙脚乱,也不至于说天天没有安排和享受自己生活的时间。另外一方面就是一定要有对美好生活的向往,要有这种意识去安排它。

您一般是如何安排和享受自己的闲暇时光?您平时有哪些兴趣和爱好?

阚:翻一些消遣类的书、杂志,还有插花、听音乐、在森林中漫步、养花、游泳,大概是这些。

如果是出去出差,可能跟同事一起去看看博物馆、艺术馆,去看看那种新的商业模式书店,还有大学校园,这些是我觉得非常美好的。还有一个事就是刚才谈到的,以前我自己的这种美好的闲暇的时光都是独享的,但是45岁以后我也愿意跟同事一起体验和分享,比方说我会拿来一些花,把家里的一些东西拿过来跟同事分享,让我的工作跟生活能够融合起来。

回顾28年的职业生涯成长历程,请谈一下您整体的收获或感受。

阚:我自己的感受是虽然还有十年的职业生涯,但是到目前为止,我已经觉得不枉此生。到了现在我就可以下一个定义,不枉此生。在我的职业生涯中有一个大的转折,就是做老师。我经常跟学生说,职业生涯最重要的是你先要选择你工作和生活的城市，我职业生涯中很重要的转折就是来到广州，然后从教。所以我可以说不枉此生，不虚此行。

还有就是无怨无悔，我职业生涯中的每一次选择，在企业是进行了三份工作。到目前来讲在学校也是三份工作，大的就这六次，包括每一次小的选择，应该来说都是无怨无悔的。还有职业生涯并不是个人的一个选择，因为你是社会人。虽然我不是党员，但是我认为我是一个很有责任心、对教育很有情怀的人，会不断追求自我境界的提升。

我会更去反思我的社会责任感。我作为教师的一种情怀也好，或者说是一种使命也好，包括我对于学校、对于老师、对于领导，这些我都会去反思，我觉得我是问心无愧的。所以可以用这几个词来概括：不枉此生，不虚此行，无怨无悔，问心无愧。

您在一日三餐的选择和食量控制上有讲究吗？

阚：没有特别的讲究。我就喜欢吃水果。另外就是我胃不太好，少吃东西就会舒服，多吃就不舒服。还有一个很重要的事，我可以不吃东西，估计我不吃东西，可以存活很多天，因为有的人不吃东西，他就觉得又头晕又是怎么样，我不会。

您在睡眠管理上的体会和心得是什么？

阚：这样说吧，我大概在 45 岁以前是天天睡不醒，每天十个小时不够睡。我也觉得那种状况很难受，天天想睡觉。每天早晨不想起床，谁都知道睡到自然醒很舒服，我每天就是睡不醒，起床很难受。

我属于那种基因里不是体力好的人，不是精力旺盛的人，就属于精力不太好的人。

您在运动与养生方面是如何自我管理的？

阚：因为精力不好，所以一定要通过后天运动来改变。所以我认为运动对我后天的改变还是比较大的。

运动真的很重要，以前工作量很大的时候，我还是能顶得住的，像做教学成果奖的时候，白天根本写不了东西，我有的时候凌晨三四点起来，或者经常五点多起来，能够做到这一点，真的是得益于平时的运动，它可以有效弥补你与生俱来的精力不好的基因。

我从来没有中断过运动。其实这个自我管理是一个较长时间的坚持和平衡。我现在办了健身卡，有可能有一段时间要出差，有五六天不会去健身，但我不可能出现半个月不健身。这二十多年来，我先后进行过跑步、打羽毛球、练瑜伽、游泳、器械健身等运动。

您身上有哪些主要积极情绪，您是如何管理和培养的？

阚：我应该是一个理性的乐观主义者。我曾经希望自己更乐观一点，因为我是一个忧患意识特别强的人，是一个处处朝最坏处想，朝最好处去努力的人。

我曾经希望自己不要凡事都朝最坏处想，不要那么有忧患意识。但是随着我阅历的增长，我明白了，因为我把最坏的事情都想到了，那还有什么不能接受的？我是一个勇于承担责任的人，那前提也是我把最坏的问题都想到了，想到以后我就觉得这个东西在我的心里都是可以承受的，那我就去做，有责任我来担就是。

我能很好地宽容别人。特别是对同事、对下属这是一个很积极的情绪。甚至有曾经伤害我的人，等到对方需要帮助的时候我一样替他说话。我就是这样，我没有什么恨的人。

您的这份胸怀和包容心是怎么造就的？

阚：我很干脆，就是说这个事过去就过去了。我自己有一份良知，有做人的原则。别人对我有恩也好，我也没有必要说我要老背着它，别人负我也好，我也没有必要老记着它。这些东西我都会放下，放下后，我就会以纯粹之心去对每个人，坦白地说，你曾经对我有恩，我也只能是以我的能力去面对你，如果我天天想着怎么去偿还你，这不也是一个枷锁和负担吗？同样，我为别人做过了什么，我也从来不认为我要等别人回报我什么。

我的这份宽容是历练出来的。你经过的事情多了以后就会越来越宽容。我从小到大都很难主动去找别人说服我，我是一个思想很成熟的人，从小就是这样。别人可能会向我倾诉，我很难去向别人去倾诉。所以当我有负面情绪的时候，有什么看不开的时候，我一定要通过思考把它解决了。我不能背负着它。当然我也会看一些书，像哲学、心智层面类的书，这些书对我的影响也比较大。

在平常您是如何进行深度思考的？

阚：如何进行深入思考，这是一个很大的问题，就是说在工作中基本上都是问题导向。你思考不是凭空的思考，一定是问题导向，一有问题我就想着怎么去解决。那么在解决问题的过程中，你一定要深度思考，才能解决它，尤其是非常难的问题。

我自己每天必须要有独处的时间。一般是晚上睡觉之前，这是我独处的思考时间。我喜欢躺着思考问题，我认为躺着思考效率是最高的。这可能和血液流通有关系，你想，在百米跑的时候，你是很难思考的，而放松躺下来后，四肢是最放松的，身体静下来后，脑子才能够快速运转。

当然我要是做材料、做课程的时候就不可能一直躺着。但是遇到非常难非常大的问题的时候，我还是要躺下来，先把这个问题想清楚。真正开始做的时候，一定是那种心流状态，效率很高。基本上是忘却时间、忘却环境，进入了一种忘我的状态。

您的顶层设计能力、底层思维能力是如何获得和培养的？

阚：其实也是历年做事长期磨炼出来的。我认为跟别人最大的一个差别还是我做得多。我认为我看书不多，但我确实是做得很多。

我现在所能超越别人的，无论是你前面提到的表达能力、逻辑能力，还是思维，主要还是我做得多。比方说我给学院的老师们开会，都会认真做PPT，把它当成一次培训来看待。

读万卷书，必须要行万里路，这个行万里路不是说就是去旅游，行万里路，是你要去做，我觉得有些人可能就是做得少。

做完了以后还有一个事要做，就是复盘。比方说我今天演讲特别的成功，我能够感受到别人的那种眼神，感受到别人的一个反应，感受到学生对我的高度认可。第一个我先去享受这份喜悦，享受完了以后，我就开始把这个事像过电影一样过一遍，演讲很成功，把演讲过一遍；我处理某个问题处理得很好，我会把这个事过一遍，过完就开始归纳，别总就事论事，要就事论理，把同类有规律性的东西提炼出方法论来。那么下一次再遇到同类事情的时候，你就不需要做这么多的准备，很多东西都是触类旁通的。

在您人生前行的道路上，有哪些因素让您比一般人更有意志力或使命感？

阚：对于我的意志力，第一个就是我的价值观，就是进取心。这个进取心，是你一种自觉的行动，你甚至不用去想它，甚至说到目前为止已经没有什么理由。到了这个年龄，它不会说我评上教授了，我评上名师了，我就没有进取心了。这个价值观是融入血液中的东西。这种意志力就来自进取心，但是你要去追求这个进取心是什么？跟我的家庭有关，还有除了跟家庭背景有关，还跟成长经历有关。

你越进取，越会发现你能够享受到进取带来的成果多么有成就感，给你带来多少喜悦和幸福。

意志力和我的愿景也有关，我的愿景跟管理学院的愿景差不多，即希望和我相遇的每个人都能够在我这得到正能量，得到正向的影响，得到支持和帮助。我觉得，你遇到我了，如果是很真心地想跟我交流，我就希望我们每一次的交流，我的每一次的课堂，你都能受到正向的影响。我前面有和你说，当普通老师时，我一年教500个人，当了院长，我一年影响5000个人，到后来我做名师工作室一年影响100万个人。所以我为什么很愿意去上课，去做培训，就因为很享受别人能够受到我的影响。

当然还有心态的问题，因为你会遇到很多的问题，可能不会得到一些人的认可，特别是你创新时，什么样的声音都会有。那我肯定要有这样的意志力，跟我的心态有关，这么多年来，我的心态我是在有意识地修炼的。

当然还有一个，意志力还和是身体状态有关，当你身体不行了，你这种意志力就会下降。你都累得不行，干点事就累，你还能不断地干下去吗？所以身体的健康和意志力也有很大关系。

广东省教学名师郭盛晖教授访谈录

名师简介

郭盛晖，男，1969年11月生，博士，教授，广东省教学名师。2000年7月至今，在广州番禺职业技术学院工作，现任校学术委员会委员、旅游商务学院院长、旅游文化与经济研究所所长、旅游管理专业带头人。

以教书育人为己任，敬业爱岗，为人师表。坚守教学一线，先后承担了10多门课程的教学。践行"以学生为中心"的理念，不断创新教学方法与教学模式，教学效果好，深得师生好评，多次荣获学校"教学质量优秀奖""优秀共产党员""广州市优秀教师"和国家"优秀指导教师"称号。

潜心钻研教学改革与实践，主持了教研教改和科研项目20多项，其中包括"广东省中高职衔接旅游管理专业教学标准和课程标准研制"等5个重点项目。发表论文30多篇，出版教材、专著10余部，其中，2部教材为"十一五"国家规划教材和"十二五"国家规划教材。主持完成广东省精品课程建设1门，主持建设广东省精品资源共享课程1门。主持获得广东省教学成果奖一、二等奖各1项。

重视学生专业技能的培养，多次指导多名学生在国家级和省级技能大赛中获奖，其中，2013年指导学生参加教育部主办的"全国职业院校技能大赛高职组导游服务赛"，摘取最高奖项（一等奖），本人也获得"优秀指导教师奖"。与行业企业保持密切联系，行业企业工作经验丰富，先后入选"广东省部科技企业特派员"和"广东省首批科技专家服务团"成员。密切跟踪行业发展动态，积极开展应用性研究、培训和技术服务，获得实用新型专利授权10余项。

访谈纪实

让您最终决定选择教师作为您的职业的最主要原因是什么？

郭：我父亲是一名小学教师，从小受父亲的影响，跟着他一起在学校生活和学习，因为父亲的言传身教，高考时我报考了师范专科学校。最终让我喜欢教师这个职业的是我读师专时的班主任杨载田老师，他当时也是系主任。他经常拿很多毕业后做了教师的师兄师姐的优秀案例在我们班会上做分享。他对我最重要的一次影响是我毕业那年的教学实习，杨老师是我的实习指导老师，他带领我们到衡阳市一个中学实习，他组织我们讲课，然后评课，当听完我的讲课后他对我给予了很好的评价，并鼓励我说："你这个课上的好，你将来会是一个很好的老师。"他的这句话让我对做老师充满了信心，也坚定了我选择教师做职业的决心。于是，毕业时我就主动响应国家号召，到家乡湖南省永兴县做了一名中学地理老师，那一年是1989年。

您从专科学历到读完中山大学的博士，一路走来的动力是什么？

郭：应该有两个方面的因素，一方面，我从小就喜欢看书，爱学习，是一个乖孩子和好学生，比较听父母和老师的话，有良好的学习习惯和上进心。

另外一方面，实际上也是工作和个人发展的需要让我不断提升学历。刚才我说了，我专科毕业后被分配到县里一个中学，那一年一起分配来的有五六个年轻老师，工作之余，我们一起打球、闲聊，日子也过得很快、很洒脱。但工作了几年后，大家都觉得长期这样洒脱下去也不是个事，恰好周边中学有几个老师考上研究生，让人羡慕。于是，我们几个年轻同事商量着决定也去自学、报考研究生。经过几年的努力，我们几个陆陆续续考上了研究生。

我是1997年考上中南林学院，即现在的中南林业科技大学，读的是森林旅游专业，我的硕士导师吴楚材教授是中国森林旅游研究的开拓者，我有幸在他门下学习深造，他倡导学以致用，既注重理论，同时更重视实践。当时他带着我们做理论研究的同时，承接地方的一些旅游规划项目，让我们在做项目的过程中提升专业理论和专业技能。

在读研期间，我跟着导师参与了惠州象头山自然保护区、肇庆鼎湖山风景区、佛山三水森林公园等旅游项目的规划设计。在鼎湖山做空气负离子和植物精气等环境测评，为期一个多月，很有意思，从中也学到了很多。我的硕士论文，就是在三水森林公园完成的，主要研究森林公园野营地的规划设计。

我也因为这样，喜欢了广东。硕士毕业时，我决定到广东发展，于是便在这边投简历，原计划是去一所本科学校，后来因为机缘巧合，来到了我们学校。当时，我们学校规模不大，但环境很好，吸引了我。

从2000年到2004年，我在学校旅游系任教，当时学校正在谋求更好的发展，越来越重视科研。我自己也在想，如果真要把科研做好，还是得继续接受系统的学术训练，我们学校也需要一些高层次的人才。当时年轻精力充沛，工作也相对轻松，于是决定考博，考得还算顺利，我报的两所学校都考上了，一个是中南林业科技大学，一个是中山大学，最后我选择了中大的文化地理研究方向。

博士读过来，尽管一路比较辛苦，现在回过头看，觉得这段经历很值得，因为经过了专业的学术历练之后，感觉自己的学术视野更开阔了，理论功底也更扎实了，这对我后期的科研和教学工作也打下了很好的基础。

当您是一名新手教师时，您最需要的帮助是什么？

郭：作为新手老师，我觉得第一需要的是学习。记得我刚来我们学校时，面试我的领导对我说：小郭，你知道我最看重你的是什么吗？你从乡村中学起步，坚持自学、读研，你的勤奋上进和学习精神是我最看中的。所以我认为，作为一名新老师，最重要的是要虚心学习，要有持续学习的精神，要及时向老教师学习，向社会学习。第二就是要有钻研业务的精神，学无止境，面对我们的教学对象、教学内容，它在不断地发生变化，需要我们不断去改革创新，所以坚持钻研业务精神也是非常重要的。

请郭老师分享一下您在课堂上的教学风格。

郭：第一，我比较注重对学生人生观和学习态度的教育。我每一门课上课之前都会举一些优秀师兄师姐的例子，以及把我们国家优秀人才的成长经历介绍给学生，让学生树立良好的人生观和价值观，让他们养成良好的学习态度。

第二，我比较注重对学生学习方法的培养，教他们一些学习和做事的方法，让学生在做中学、学中做，举一反三，不断总结提升。比如，近几年，我教授《中国旅游资源赏析与线路设计》这门课，我讲完东北三省的旅游资源以后，会让学生以团队方式设计一条东北三省旅游线路，设计完以后，让每个团队相互点评，指出优点与不足，最后让学生思考，在整个过程中学到了什么，有什么收获，还有哪些需要提升的地方。

您的教育理念以及学生观是怎样的？

郭：因材施教、分类培养。有的老师可能认为高职的学生学习成绩差，不好教，其实并不是这样，我就感觉到，高职的学生有各种各样的个性和特点，对于他们来讲，我们因材施教、分类分层培养，不同的学生要根据他们各自的兴趣和特点进行教学，例如普高上来的学生和中职进来的学生，在教学思路上就要有一些变化。还有，现在我们有些学生，他们一部分是那种外向的爱表演型的，我们就鼓励他们去做导游，对于相对内向型的，文化功底好一点的，我们就培养他们往计调和文案策划等方向走，同时也鼓励他们学好各门功课，争取拿各类奖学金。

您在科研和社会服务方面取得的成绩主要得益于哪些方面？

郭：得益于多个方面：第一，就是我们学校对科研和社会服务工作非常重视，从学校领导到各职能部门，都很鼓励和支持教师从事科研工作；第二，要找准研究方向，要与自己的专业方向和教学协同，我申报的一些课题较好地协同了我的教学，它有利于我在教学改革上进一步深化，例如说我所做的中高职衔接教研教改项目；第三，要与同行多交流合作，信息的获取比较重要，要有一定的学术交流圈，社会服务也是一样的，要多去社会、行业企业调研交流，了解行业企业需求。当然，最重要的一条，就是要对自己的兴趣方向保持孜孜以求的关注，很多东西需要长期的跟踪和积累，自己要有一条擅长的主线，并在这一领域不断地去探索和挖掘。

您带学生比赛获得了很多奖项，请您谈谈带比赛的心得。

郭：第一，在学生的选拔方面要有技巧，选对人很重要，这项工作要提前做规划，要全面的去考查学生。选好人之后，在指导学生的过程当中，要有指导的方法，要吃透和理解各类比赛和竞赛的规则；第二，学生在备赛的过程中，要多给他们积极鼓励和协助，多给他们一些信心。很多学生比赛，越到后面，竞赛越激烈，心理压力越大；第三，很多比赛的专业性很强，比的不仅是学生，还有背后的指导老师，例如导游比赛的决赛阶段是导游词的撰写和现场的讲解，这个时候学生本身的知识和专业素养很难写出这种高水平的导游词，这就需要老师指导和创作；第四，就是要有好的团队合作，现在大的比赛都是一个系统工程了，你得一两次奖可能问题不大，但要持续地得奖，就要有一个强大的指导团队，要通力的在各个环节对比赛团队进行辅导和指导。

请您大致谈一下在时间或精力管理上的心得体会。

郭：精力管理，对于一个人要做出一些成绩来说，是很重要的。对于这个，我的体会是以勤补拙。我有一个习惯，可能是一个不太好的习惯，就是经常会工作学习到12点以后才睡觉，长期来讲是很不好的。

我经常长时间地持续工作，对自己的时间管理不是太满意，觉得做事效率比较低，这点像龟兔赛跑里的乌龟！但我会按照自己的计划一步一步走，反正就是坚持把手头的各项工作一点一点地做好，在长期的工作过程中，逐渐产出一些成果，做到一定程度，很多事情就水到渠成了。

请问您在平时的工作中是如何处理教学、科研和社会服务这三方面的关系的？

郭：教学是最基础和最重要的一块，这不能放松。那么科研和社会服务这两块，看自己擅长做哪一块就把那一块的潜力发挥出来，不一定要平均用力。平均用力的话，那会做得很累。另外，即使做出来也不一定能做出很突出的成果。

您申报科研课题比较多，能否谈谈您的申报经验？

郭：从研究的选题上来讲，要聚焦，自己要有研究的基础，聚焦以后，你对这一块多去跟进，尽力多去了解最前沿的信息，要能知道这个领域里面的痛点、难点、突破点在哪里。你不能很多个研究领域都去申报,这样反而到最后没有竞争力,出的成果也会受到影响。

在您的教学专业发展中,有没有对您的成长起关键甚至决定性影响的人和事?

郭:有,不少。就人来说,首先是我的老师,像我前面提到的杨老师、吴老师以及我的博士生导师司徒老师,他们的鼓励和专业指引,将我领入了教学和专业研究领域。其次是单位里的领导和同事们,他们的指导和帮助,以及共同营造的良好工作氛围,对我事业的发展也起到了很重要的作用。第三就是家庭和家人的理解与支持,家里的老人和爱人的支持很关键,实际上还包括兄弟姐妹在家庭上的和睦和谐,因为家人支持和家庭的和睦,会省去很多的繁杂和不必要的事务,这点很重要,这是我个人事业发展至关重要的一点,我的家人包括父母和兄弟姐妹都在番禺。第四的话,就是学校发展过程中一些标志性的、重要事情对我的成长也有帮助。像前些年国家示范、省示范的建设,在建设阶段,有很多的机会给到你去历练。我在做事的过程当中能得到锻炼和提高。

您是怎样让您的工作充满热爱和激情,以克服工作和职业倦怠的?

郭:第一点是自己喜欢做这个事情,教学也好,科研也好,自己喜欢做,有兴趣去做;第二点的话,实际上是一种事业心,因为有了这份事业心,人的责任感和担当力就会更强。特别是做了部门领导以后,就更多了一份责任,有把学院团队带好的责任,多为年轻老师创造一些机会和平台。带着兴趣和责任去工作,就能克服职业倦怠。

请问郭老师平时有哪些兴趣和爱好?

郭:我爱人经常开玩笑说,没发现你有什么兴趣爱好,也没觉得你有什么特长。的确,我年轻的时候喜欢打打乒乓球,而这些年很多时间都花在工作上了,仅有的这点兴趣爱好也没坚持下来。有时我也会去外面走走看看,旅游一下,但因为我的工作是研究旅游,所以这也算不上兴趣爱好。

我现在想,到了退休以后我可以培养些兴趣爱好。我最想做的是学打太极锻炼身体,还要练练书法,因为太极、书法可以很好地修身养性。

最后想问您，这么多年来有没有哪一句话比较激励自己，可否分享给年轻老师？

郭："千里之行，始于足下"这句话我是比较喜欢的，不管我们要做多少事，都得从第一件事情做起，不管你要做多大的事，都得从一件一件的小事做起。这句话一直激励着我，让我终身受益。今天，我也分享给年轻老师，希望有更多的年轻老师一步步地成长为名师、大师。谢谢！

第二篇　报道篇

教之要义，长善救失

——访广州番禺职业技术学院国家万人计划教学名师渠川钰教授

初为人师，缺乏自信

2002年，这位已有18年企业工作经验的高级工程师和很多年轻的新教师一样，从企业来到学校，初为人师，缺乏自信，为了上好开学阶段的课，她整个暑假都在认真准备。从7月份到9月开学，要求自己备课三到四轮。暑假备第一轮，开学前几天备第二轮，上课前一晚上再备一轮，自己对着PPT试讲，并琢磨这一堂用什么样的案例合适、贴切。任教的前一两年，渠老师每天晚上都要先等小孩入睡才有时间工作，备课到凌晨是常有的事。

"刚开始上课的几个月，有些紧张，为活跃课堂气氛，想了很多办法，学生下午容易睡觉，为了吸引学生的注意力，我就给他们讲头天晚上在家里精心准备好的笑话，现在想想，这是一个比较笨拙的办法，当时只是想通过这个方法逗乐学生，让他们打起精神听讲。"

渠老师1984年毕业于山西矿业学院煤矿机械化专业，毕业后在设计院工作，一干就是15年，期间多次获得山西省煤炭系统优秀工程设计一等奖。1999年移居番禺，在番禺开关厂从事高压开关柜设计工作，主持开发出的几个品种十几个系列的产品均投入市场，为企业创造过较高的社会价值；2002年，到番禺职业技术学院机电系任教，近不惑之年的她，正式成为一名高职院校的新老师。

"之前从来没有做过教师，对自己的信心不足，那会下了特别大的功夫。当时是暑假来的学校，开学要上两门课，一门《制图》、一门《工程力学》，为了备好课，我翻出了 20 年前读大学时的课堂笔记，认认真真地温习。另外，我把教材通读了两遍，才开始第一轮的备课。"

她认真对待学生，学生也以高度认可回馈了她。第一学期期末，教学秘书告诉渠老师，学生对她的评价很高。这个反馈让这位上课还紧张、缺乏自信、已有 18 年企业工作经历的中年女教师找到了更大的前行动力……

三心到位，才算合格

"当老师要三心到位：用心、尽心、爱心。用心是你要经常想怎么样才能把这门课上好，上得出彩，这就需要你在课前做很多的准备工作，去学习和掌握一些适合你的教学理念和方法；尽心就是你要时常反省自己，你的课有没有备得很充分，在课堂上你有没有尽心地投入，学生对你提出的建议你有没有真正地去反思并完善；爱心，就是你做这些事的源泉和动力一切都是为了把学生教好，为他们的成长和成才助力。三心到位，才算合格。"渠老师说的这段话语重心长。

十年前的老师和现在的老师比，现在的老师更具挑战。以前没有普及互联网，老师拥有的一桶水即完全可满足学生想要的一杯水，老师很有权威。现在，面对浩瀚的互联网这片汪洋大海，学生人手一个智能手机，他们要查什么知识、理念、方法，马上触手可及，老师不再是权威。如若不够用心、尽心、爱心，将很难在教师的岗位上长期发展下去。

"教书是个良心活"

学术中国原创网曾刊登一篇题为《大学教师磨洋工十大惯用招数》的文章，磨洋工第一招到第十招：点名、放片、念 PPT、讨论问题、谈人生、当愤青、讲段子、划重点、谈爱情、早下课。对此，我们不尽苟同，但磨洋工的现象在大学课堂上或多或少都存在过。

"教书是个良心活，上一堂课，我可以精心准备四五个小时精致地来上，我也可以在网上下个 PPT 随意地来上，当几年老师，应付学生的本领大家基本都会。就看你良心上是否过得去，心底里对学生的成长有没有那份责任和担当。"渠老师特别真诚地说。

"那些年，我印象特别深的一件事，就是当时我不敢追看电视剧，怕一看上两集，就想追着看下去，后来干脆就不看了。"渠老师爽朗地谈笑说。

《大染坊》《汉武大帝》《亮剑》《乔家大院》《金婚》《潜伏》，这些都是当年国内最经典的电视剧目，里面的精彩剧情，她都错过了。别人晚饭后舒服慵懒地躺在沙发上一集一集追着看精彩剧情的那一个个夜晚，她在台灯下备课、写课题申报书、做专业建设方案……

马卡连柯曾说过："爱是一种伟大的感情，它总是在创造奇迹，创造新人。唯有爱，教师才会用伯乐的眼光去发现学生的闪光点，才会把辛苦的教育工作当作乐趣来从事，它能使教师感受到每一个学生的喜悦和苦恼都敲打他的心，引起他的思考、关怀和担心。"

鲁迅先生说："教育是根植于爱的。"良心与爱是老师灵魂深处要思考的问题。

记住学生名字

"给你分享两个与记学生名字有关的小故事。第一个：几年前的一次课堂上，有两位学生迟到，当场我提醒他们下次不要再迟到了，当时我只叫出一个学生的名字，另一个的名字没能记住，没叫出来，这位学生坐下后不久，我发现他突然中途离开教室。事后我去追问此事，他说我叫出了室友的名字没有叫出他的名字，有点生气；第二个故事：有一年参加一个班的毕业聚餐，四桌学生是以桌为单位来给我集体敬酒的，当近距离接触时，我叫出了其中一位平时在班上并不出名的女生的名字，一会过后，这位女学生单独过来给我敬酒，她说：'谢谢您，渠老师，您能叫出我的名字。'我讲这两个小故事是想和大家分享一个观点：记住学生的名字真的很重要。"

名字是一个人的符号，对于老师来说，它不仅仅是一个符号，更是连接师生之间情感的纽带。我们很多的老师，一年教学下来，能记住一个班学生的名字数量的寥寥无几，或许，师生关系的升华可能就是从记住学生名字那一刻开始的。

渠老师还分享了如何记住学生名字、了解学生的一个好方法。她每带一个新的班级，开学初，都会让学习委员收集整理一个有学生信息的PPT，PPT上面有每个学生的个人生活照、学号、姓名、家乡、兴趣爱好、专长，等等。渠老师收到PPT后，会经常浏览它，时间一长，就能感性、形象地去记忆每个学生的特点，名字很快就能对上号，而且PPT里的信息也有利于老师对学生因材施教。

给自己多找些麻烦

当我问到渠老师为何成长这么快，从2002年到学校，五六年的时间就评上了省级教学名师和教授时，她说了下面的一段话。

"我可能运气比较好吧。当时玩具专业在高职和大学开设得比较少，所以取得成绩同比其他专业而言，收获可能更大；另外，那几年恰逢学校创国家示范院校，当时教学水平评估专家组抽查的就是我们玩具专业。2006年工作任务特别重。那段时间很少在晚上12:30之前睡过觉。那几年出了这么多成果，大部分是上面压下来的任务，不得不完成，尽管当时很累，但比较享受这个过程；此外，我认为老师应该要主动给自己找些'麻烦'。比方说精品课程没有人逼着你去申报，科研课题没有人强迫你去做，教材没有人压着你去编写。多主动去做些事，自然而然，成长就快了。"

台湾著名作家、画家刘墉先生曾经写过一篇名为《成功是逼出来的》文章，他对"逼"做了一个"文字新解"。"逼"，是长了脚的一口田。"一口田"旁边有神的保佑，是"福"。"一口田"上面加个屋顶，表示有房有田，是"富"。

"催逼，可以激发你的潜能，可以让你经常处于一个积极进取、创新求变的状态，而这时的你经常会有超出自己想象的收获。因此，被逼不要'无奈'，被逼是福。"刘墉这番话颇为励志。

渠老师就是一位逼着自己成长的典型励志代表。

教之要义，长善救失

"古老的《学记》比西方早 2000 多年指出教师的作用和价值是'长善救失'，把学生的优点发挥到极致，把学生的不足因势利导化劣为优，这是教育的真谛。另外，教学的过程其实就是纠错的过程，学生出现错误，然后给他们指出来。犯错不一定是坏事，有错并不怕，只要能及时纠正，不断完善就好。即使是学生错了，我们也要从善意的角度，循循善诱地给予提醒，从正面的角度去鼓励他们，而不是过多去批评、指责或者轻视能力差的学生。"

"如果有学生在我的课堂上玩手机，或者做与课堂无关的事，我是一定会管的。学生的注意力没有跟着我的上课思路走，这样会影响到我上课的情绪，我们老师也需要激情、需要良性的反馈。也许其他老师可以允许学生在课堂上做其他事，但在我的课堂上不行。只要有这种现象发生，我就会想办法去纠正他的行为。"

教学的心法，就是善于发现并纠正学生的失误或不好的习惯。"教之要义，长善救失"，这是渠老师多年以来秉承的教学理念。

喜爱运动　为人谦卑

渠老师看上去精神健硕，说话中气十足，声音甜脆。她说自己很少去看医生。这除了她本身身体基底比较好以外，还得益于她特别热爱体育运动。

别看她个子不高，在高中和大学，她是女子篮球队的队员。喜欢看 NBA 和 CAB 的球赛，是广东宏远队的铁杆粉丝，球队所有球员的名字她都能叫出来，曾多次去东莞现场观看球队比赛。

她前些年喜欢打羽毛球，打多了，就自然组成了三批球友，校里一批，系里一批，番禺开关厂还有一批。近几年打得最多的是乒乓球，周二和周四都参加学校乒乓球协会的活动。

"运动与工作是相得益彰的。每周一定量的运动非常有利于工作和生活。运动能让人的精力更加充沛、思维更加敏捷。我常鼓励学生学习之余多去球场、操场搞搞运动。"

当我问及她能否给年轻老师推荐几本书，她说自己读书太少了，没有资格推荐；当我真诚地赞美她对中国传统文化的了解颇有见地，她说学工科的文化底蕴差；当我由衷地敬佩她这么短的时间内出这么多的成果，获得如此高的荣誉，她说是自己运气比较好；当我请求她在她编写的一本教材上签名赠我留念时，她认真地签完后说我的字写得不好看。名师的这份谦卑之心，真真切切，纯粹动容。

最后，我请求渠老师给我们年轻人分享一句她喜欢的话，她想了想，说出了一句："不怕大事做不了，只怕小事做不好！"

采访末尾，她还对我说了这么一句话："当老师的最高境界就是帮助学生把学习变成一件快乐的事情。"

大道至简

——访国家级教学名师张来源教授

2015年,一个酷热的夏天,我们相约采访国家级教学名师张来源教授。一来到他的办公室,我们就感觉到阵阵清凉,扑面而来的艺术气息,彰显着主人的文化品位。

孔雀南飞,机缘巧合

张来源教授,1981年毕业于赣南师范学院。曾先后在赣州市招生办、赣州市文艺学校工作。在校期间,做过专业教师,也曾任过教务处处长、副校长等职务。

20世纪90年代末,是中国改革开放的热潮期,流行"孔雀东南飞",全国各地的许多精英都朝中国改革的前沿阵地珠三角这一带"飞",张老师也是其中一位。当时他的很多学生都在深圳创业,他被邀请担任深圳某家文化艺术公司的总经理。在任期间,公司旗下的12家分公司的经理的业务培训都由张老师负责。

2000年,张老师参加了澳门公开大学在番禺举办的一个MBA班,这个培训班举办的地点就在番禺理工学院。走进校园,看着这片依山傍水、郁郁葱葱的美丽地方,他一下就被这里的环境给吸引住了。在培训期间,正巧听闻理工学院招聘教师。张老师试着把自己的材料交了一份给学校人事处。就这样,半年后,他正式成为番职院一百零几位老师中的一位。

刚到学校,他的身份就是一名普通专业老师,当我们问及他为何放弃深圳如此优越的待遇再回学校当一名普通老师时,他说最核心的原因是他骨子里还是热爱教师这个职业。内心的这种教育情绪、教师情结挥之不去……

业精于勤而荒于嬉

刚来学校任教期间，张老师每周上30多节课，这样的超负荷工作量一直持续了近三年。当时有三个班的基础课都被他包了，学生上课非常认真，他有时根本没有时间离开课室，中午吃饭都是由学生打回教室吃。有些学生吃完饭，中午不休息接着画，画完以后，他再给学生做点评和示范，不知疲倦的张老师就是这样日复一日地在教室里和学生待在一起，他和那几届的学生建立了非常深厚的感情。

张老师在番职院任教十余年来，勤站三尺讲台的同时，笔耕不辍，实践不断，成果丰硕。他先后主编出版《华文设计经典》《华文地产广告经典》《中华元素设计经典》《亚太室内设计年鉴》等专业书籍，编著出版了《设计构成》《平面版式设计》《广告艺术设计》等教材。撰写论文和美术创作作品20余件；他在担任艺术学院院长期间，同时兼任多家设计公司的艺术总监、技术指导、顾问等职务。他完成的企业设计项目在全国性设计比赛中获金、银、铜及优秀奖十余件。

2014年金秋十月，学校5个教学团队荣获国家教学成果二等奖，其中由张来源教授团队主持的《"三方融通、三品递进"人才培养模式的改革与实践》教学成果名列其中。这是新中国成立65年来，第一次以国家奖的名义在基础教育、职业教育领域颁发教学成果奖。国家教学成果奖四年才举办一次，是教育界最高级别的盛会。这项荣誉的获得，离不开整个团队多年的辛勤积累和点滴付出。

20世纪90年代的张老师，曾经有一个很大的嗜好，下象棋，曾有过一段时间下棋成瘾，他在联众世界网络平台上和各国各地的象棋高手对招，热情高涨，他描述了下到最高的境界的状况：凌晨半夜，棋手双方各自在自己的电脑桌前睡着了，每次听到电脑发出"叮咚"的提示声音，双方各自睡眼朦胧地起来走一步棋，接着又睡，如此往复。他说那时到了一个玩物丧志的境地了。"人有缺点并不可怕，可怕的是自己意识不到这个缺点。之后我彻底戒掉了这个嗜好。"张老师坦诚地说。

教育改革，创新不断

张来源老师2007年任艺术设计系主任以来，实施推行了一系列的专业教育改革措施，成效显著。他们团队推行的"课程设计—项目化、课程组织—团队化、课程实施—生产化、课程成果—产品化、课程评价—立体化"的"五位一体"工学结合项目课程模式，受到了国内外本科和高职院校同行的高度评价和认可。

他和他的团队还开创了"实用、实在、实战、实际、实操、实效"的教学方法，构建了"立体化"的新型评价体系，创建了"双赢"的新型校企合作关系模式，搭建了校企结合的国际教学平台。教改途中，披荆斩棘，困难与收获同在，挑战与喜悦并存。

艺术设计学院的实训室不叫实训室，他们把它称为"工作坊"。没有工作坊之前，只有班上的尖子生能做出一些好东西来，每个班都会有几个动手能力强的佼佼者。张院长强调："我们教学不是为了尖子生，我们的技能教育要普及全部学生，所以我们决定成立工作坊，以保证绝大部分的学生都有自主设计的能力。通过学生们在工作坊左摸右弄，不断实践，慢慢地，他们就能自己生产和设计包、鞋、眼镜等众多产品，做了工作坊后，每个学生都要交出作品，没有作品，期末成绩就合不了格。"正是由于工作坊的这种学做结合的教学模式，让学生在学校期间累积了大量的实践设计经验，以至于一些学生在还没有毕业时就被一些设计公司给提前订走了。

大学之道，博爱之心

张来源老师2011年被评为国家级教学名师。全校享此殊荣的教师只有两位。他对于大学的学习之道以及如何博爱学生有自己独到的见解和看法。

每到新学年开学，张老师都会给新生上几次课，在课堂上他会和学生分享大学应该如何读，大学到底是学什么的问题。

"很多人认为进入大学就是要学知识、学文化、学技术。用技术、知识作为自己的核心本领去就业来养活自己，这是天经地义的。这是大家的共识，但我不太赞同这种观点，我认为读大学不是学知识、学技能，有三样东西比学知识、学技能更重要：第一，是学方法；第二，要获得一种能力，总的来说就是解决问题的能力，如生活问题、学习问题等一些基本问题的解决能力；第三，学人际关系，也就是学做人。学生要与人相处，与老师相处、与同学相处，与外界的各方人士相处。"

对于博爱之心，他也有更深层次的解读。

"博爱，不是找学生谈谈心、学生有困难就捐点钱、关注和帮学生就是博爱。我所理解的博爱有两个层面，一个是广度，一个是深度，广度就是尽可能关注到大部分学生，它是我工作的灵魂。我始终把学生放在第一位。这样做之后，就可以为很多人服务，而不只是为几个尖子生服务。现在我作为一院之长，要对全院的学生负责，我要让全院学生受益，现在不止全院受益，很多兄弟同行院校让我们做示范给他们看，他们也在试着学；深度是如何让学生更好、更多的受益，我们带学生参加各种各样的比赛、带学生深入企业走访、派学生到国外去学习交流、辅导学生在专业技能上更精进一步、推荐学生去优秀的企业工作，等等。这是博爱的另一个层面。我觉得博爱没有界限可划，也不可能圈定概念。我始终用一条串珠法去实施我的博爱之心，我的专业教学改革、示范建设、国家课题、产品设计就像一粒粒珠子，我要把它们用一根绳子串起来。一颗珠单独来看还只是一颗珠子，还惠及不到太多的学生，我串起来了就是一条项链了。我觉得，只有把这些东西串起来，才能更好地体现我的博爱。"

健身之法，养生心得

张老师擅长于各种投掷类运动，在每年的校运动会上，很多年轻老师都对决不过他。他每天早上做仰卧起坐三四十个，做俯卧撑二三十下，多年来，一直是这么坚持的。

他的健身心法是随时随地锻炼，不拘于时，不拘于地，在办公室，他放了哑铃，工作累了，就练习一会。他把从艺术学院办公楼走到一号行政楼办事当成一种常规的健身方式，有时一天走好几回，有时甚至小跑前进。他坚持能走尽量多走、能站就尽量多站。这种走和站就是一种另辟蹊径的健身方式。

"千万不要圈定自己每天或每周要跑多少步，或打多久球，或举多少次哑铃、做多少个俯卧撑。哪怕是一星期没有锻炼，下星期你可以继续接着锻炼。有些人把自己圈得过死，一旦一周或几天没有去锻炼，就放弃了。我如果这周不锻炼了，我会感到理亏，但是下周有空，我还是照样会拿起器材继续锻炼，在健身规律上过于限定自己只会让自己很难堪。"这是他的健身理念。

深浅辩证，大道至简

访谈的末尾，我们问张老师有没有自己喜欢的座右铭。他坦言没有什么名言激励自己，只是喜欢思考一些事情，其中想得最多的是三个字："深与浅。"

"在工作的这些年里，我一直在思索'深与浅'的辩证关系，或者说是'繁与简'的辩证关系。就是做事要多想几个为什么，做之前要想好怎么做，当让别人真正做的时候，即让老师、学生做的时候，要想如何让他们变得简单一点，这是我所追求的。深的留给自己，自己想透、想好之后，教老师和学生才会简便易懂、简便易行、简便易做。像一些新手老师，我总是叫他们不要照本宣科。他们是新手，一开始不照本宣科不行，他们有好多概念不敢用自己的语言去诠释它，当到一定的时候，就要放下课本了。这时候就可以用自己的语言阐述了，过一阵子他就可以用生活观念、口语化的语言来解答了，这个时候学生最懂，也最喜欢，这需要一个过程。"

中国道家哲学有这么一句话："大道至简"。是指大道理即一些基本原理、方法和规律是极其简单的，简单到一句话就能说明白。所谓"真传一句话，假传万卷书"。

武林高手在搏击时总是一招制敌，击中要害，绝对不会大战300回合才击倒对手；高明的医生总是一针见血，药到病除，绝对不会乱七八糟的给患者开药；精明的商人一招领先，步步领先；高人指点一语道破天机，不用太多言语，做老师何尝不是如此。

大道至简，是一名教师值得一生去孜孜以求的教育境界……

莫问收获　但问耕耘

——访广东省特支计划教学名师、科技处处长余明辉教授

职场人生，锐意进取

余明辉老师来自钟灵毓秀、人杰地灵的湖南岳阳。1981年，余老师考取华东师范大学数学系，1985年大学毕业，他服从组织分配，被分配到岳阳中石化巴陵石化公司工作，这一干，便是17年。在巴陵石化，他的主要工作是员工培训和公司信息化应用推广，员工培训包括职工教育培训和学历教育两大块，当时公司有不少底子好的青年职工和职工子弟因各种原因未能如愿进到大学深造，他们便在巴陵石化电视大学接受学历教育。余老师教过很多学生，目前有不少人已成为巴陵石化公司的高管。

有着扎实数学功底和优秀逻辑思维能力的余老师在国企的工作生涯中，边工作边学习，在计算机软件及信息化建设等领域不断探索钻研。他曾多次组织企业职工参加岳阳市和湖南省的计算机技能大赛，获得多项冠军，他本人也获得"全国石油石化职工计算机技术能手"称号。

2002年，余老师不甘于国企安逸、平稳的工作生活，只身来到改革开放的前沿——广东珠三角的番禺，也就是现在工作的广州番禺职业技术学院。他以一位普通计算机专业老师的身份入职学校，把以前的荣誉和成就抛到脑后，以归零的心态开始新的职业教育生涯。刚来的前两年，他在学校青年旅馆住过一个月，在陈瑞球职工宿舍楼里住过一年。余老师常常主动加班，和陈树根、陈长辉等年轻老师在计算机网络实训室摸爬滚打多年。那段艰苦的岁月，如今回忆起来，他

仍历历在目。

2004年，计算机技术系更名为软件学院，不久他就担任软件学院副院长。无论是作为专业教师还是作为一名中层干部，他身上朴实无华、亲切温和的待人品质以及勤奋踏实、无私忘我的工作作风仍在领导、同事及学生的心里留下深刻的印象。

余老师多年来带领他的团队，积极探索高职教育规律，不断完善人才培养体系，从2003年至2008年，共进行了四轮人才培养模式改革，逐步形成了以网络工程为主导的工学结合人才培养模式，与行业和企业专家共同制定了以"基本技能训练、项目导向生产性实训、工程项目实战"为主线的人才培养方案，探索和建立了行业"大订单"和"小订单"式的人才培养机制。几年下来，网络专业课程改革成效显著。自2004年以来，网络专业先后被评为学院重点专业、广州市示范性专业、广东省示范性专业和国家示范性高职院校重点建设专业。他主编的《综合布线技术与工程》和《综合布线技术教程》立项为国家"十一五""十二五"规划教材，他主持建设的《综合布线技术与工程》课程也被评为国家级精品课程。

余老师在教书育人的同时，积极投身社会服务事业当中，曾先后担任教育部工业和信息化职业教育教学指导委员会委员（计算机类专业指导委员会副主任委员）、ITSS人才培养与评估工作组副组长、广东省计算机学会高职高专分会理事长、广东省终身教育学分银行专家委员会委会、广东省公安厅安全技术防范专家、泛珠三角地区智慧城市专家委员会委员、广州市重大行政决策论证专家等社会兼职。他的务实、严谨、精干的工作作风、精湛的技术水平以及为人谦和、低调的人格品质赢得了业内人士的高度好评。

勤字当头，重视学生

余老师来学校后实施的力度最大的教学改革，当数他的《综合布线技术与工程》这门课程上的真实教学项目。他本着更好地发展学生、服务学生、提升学生技能的教学理念，在学校领导和各职称部门的大力支持下，承接多栋建筑大楼及实训室的网络布线工程项目，从2003年至2007年，从玩具设计实训室和电算会计实训室到校内学生宿舍5号楼、何厚铧大楼、陈瑞球大楼、结绮楼和教学7号楼，共8587个信息点，他带领01至06级网络专业近500位学生参与了11批次长达5年的网络布线工程项目安装。

让他至今记忆特别深刻的要数2003年带领01级的147名网络专业的学生参与学生宿舍5号楼C座的网络布线工程项目，367个信息点。事情已过去13年，余老师依然能非常准确地说出这个数字。所有的项目完全按网络工程公司的组织模式和管理模式运作，各职位在大二大三的学生中竞聘产生，学生从设计、施工、管理、测试、验收等综合布线工程各环节得到了真刀真枪的锻炼。在工程施工中，他和学生摸爬滚打在一起，晚上休息时间有时也在工地检查。初次接触这么大的一个真实布线项目，作为负责人，没有压力是不可能的，他最大的担心，一是学生的安全，二是布线安装后的质量效果。布线的多个环节都是带电操作，还有登高作业，万一学生有什么安全闪失，后果不堪设想。余老师在国企17年工作经验练就出了高水平的职业素养，他把石化企业的工厂－车间－班组的三级安全教育同样严格地执行到网络工程中，另外，还实施事先有计划、事中有检查、事后有总结的三层级的管理流程，这让余老师负责主持的十几个网络工程项目无一发生任何安全事故，工程质量也经受了时间的考验。

实践教学由模拟环境走向真实环境，从独立分工的技术实践向综合性的工程跃进，从教学中突出体现培养学生的岗位职业能力，较好地体现了课堂教学与未来工作岗位的有效对接。通过工程项目实践教学和与行业紧密结合的教学改革，学生掌握了较强的岗位技能，毕业生的就业质量越来越高。01级网络3班的朱炳东同学一毕业就作为工程监理管理广州大学城几万个信息点的网络工作，02级网络2班伍建强同学一毕业就能作为项目经理承接投资几十万元的网络布线工程项目，03级网络2班的陈伟琪同学一毕业就以优异表现录用到广东省公安厅信息中心工作，优秀毕业生的案例不胜枚举。

余老师推崇美国学者霍华德·加德纳博士的多元智力理论，他相信每一位学生都有一份天赋，学生们都拥有不同的智能组合元素，这使得他对高职教育充满信心，工作中，他努力实践着"赏识教育"，在他的眼里，始终没有差生，只有智力类型不同的学生，学生都有自己的长处，每个学生的潜力都是无穷的。教师的任务就是始终不停地发现他们的价值，挖掘他们的学习潜能，发展他们的个性。"有些学生组织能力比较强，有些学生技术不错，有些学生的沟通交流能力出色，我们要做的就是因材施教。"

清代著名政治家、理学家曾国藩曾说过这样一段话："人生有三乐：读书声出金石，飘飘意远，一乐也；宏奖人材，诱人日进，二乐也；勤劳而后憩息，三乐也。"余老师也把发现学生优点，诱导其日日进步作为他教书育人工作的一大乐趣。

再度起航，改革不断

2014 年年初，余老师从信息工程学院院长调任学校科技处处长。这种角色的转换并没有给余老师带来太多不适感，他风趣又平实地说："这两个岗位的相同之处就是都很忙。不同之处是二级学院的院长主要是做面上的事，学院上上下下各个方面的事都要管理，科技处处长主要是做线上的事，相对比较专一。"

"本校自 2009 年通过国家级示范高职院校验收以来，在专业建设、课程建设、人才培养等方面已取得了较为卓越的成绩，在省内外高职院校里，算是走在前列，但在科学研究和社会服务这一块我们还有很大的进步空间。"余老师接着讲。"学校要往高层次水平高职院校迈进，科研这一块是重要的努力方向，我们希望全校老师通过提升科研水平和社会服务能力来促进人才培养水平的提升。职业院校的科研更强调应用性研究和技术服务，这方面我们还有很多事情要去做。"

近两年，余老师带领他们部门的 7 位成员从三个方面开始探索改革之路，做科研加法工作。第一，营造氛围。科技处会经常请广州市甚至国内的一些专家学者前来学校进行学术讲座，同时也邀请校内在科研、社会服务方面卓有成效的资深老师上青山湖讲坛进行讲座，讲座围绕课题申报、教学成果提炼、论文发表等多个方面的主题展开。此外，对省、市下发的相关科研信息文件及时传达和宣传，以此在全校营造一种重视科研、以科研促教学的良好学术氛围；第二，加大科研培育力度。今年科技处新增三类科研项目，首先是应用技术开发中心建设项目，这主要是希望能为地方产业转换升级、区域经济发展做出科研贡献，其次是增加学术创新团队建设项目，以此加大对科研创新的扶持力度，再次是增加"青山湖青年学者"科研项目，培育一批有科研潜力的青年骨干老师。第三，政策引导激励。自余老师上任以来，他带领团队相继出台了《广州番禺职业技术学院横向科研项目管理办法》《广州番禺职业技术学院科研工作量分与奖励办法》等政策文件，从多个方面加大对科研工作的激励与奖励。余老师认为科研工作做到三结合：结合学校发展、结合专业发展、结合个人发展，就能达到学校、老师和学生共赢、多赢的局面。

"我不求学校科研工作突飞猛进，年年有进步就好！"余老师非常平和地道出了他的工作心声。近几年学校的科研就是这样走过来的。

莫问收获，但问耕耘

年轻时的余老师喜欢打桥牌，在大学期间，华东师大数学系有一大批学生都把桥牌和围棋当成一种既用来娱乐消遣又用来历练思维能力的智力活动。他在湖南工作时，1995年以前年年都会参加岳阳市、湖南省和中国石化总公司的桥牌比赛，取得过省级队式赛季军和双人赛第二名的成绩。以前喜欢踢足球的爱好因为年龄的关系便转为健走运动，他手机里有一个运动步行的APP软件，微信朋友圈里谁在当天的健走步数最多，谁就会自然登上朋友圈的封面。余老师坚持健走不断，偶尔也会荣登封面。

晚上或周末的闲暇之余，余老师也会阅读沈从文等文学名家之作，这些大家的作品让他觉得养气舒心，消遣之时又获得内心滋养。作为一位大学主修数学、工作几十年与计算机和网络打交道的人，这份对文学的爱好非常难得。

屈子与范仲淹，与余老师的家乡岳阳都有着深厚的渊源，屈子的自强不息文化，范仲淹的忧乐文化，对岳阳人的文化浸染无处不在。回顾余老师31年的职场生涯，他身上的人格品质与人生成长轨迹凸显了湖湘文化中淳朴重义、经世致用、敢为人先、不忘忧患、自强不息的核心精神特质。湖南人"吃得苦、霸得蛮、耐得烦"的九字性格特点在余老师身上也浸透得入木三分。

余老师强调做人需常怀感恩之心,他说:"只有常常抱有一颗感恩的心,才能把很多事做得更好。如果没有感恩之心,在工作和生活中如若遇到一些挫折和打击,会总觉得社会对不起你、单位对不起你、别人对不起你。那么,他自己过得也不开心,做事的效率也会明显下降。感恩的心还有一层意思就是凡事往乐观、积极、好的方向去想,这样的话人就不会丧失斗志,遇到打击也不会沉沦太久。"

"您来学校后十多年的时间里,就获得了很多的成绩和荣誉,能否谈谈您的一些体会和感受?"采访的末尾,我问余老师。他很平和清淡地说:"不要在做事的时候去想着成绩和荣誉,要想着怎么把事做好、做扎实。我的人生信条是诚实做人、踏实做事!"

"莫问收获,但问耕耘",曾国藩的这句处世箴言,曾影响着他的一生。这八个字,从某种意义上就是人生心态深度的自我调适,以进取心对待过程,以平常心对待结果,余老师的处世哲学无不与这八个字息息相关。

很多时候,收获就如同树木的生长,短期内看不到明显成效,但通过长期的积累,小树会长成参天大树。默默耕耘、辛劳付出的背后总会有属于自己的一片天空。

"山不问结果,仍然傲然挺立,高耸入天;河不问结果,仍然奔流到海,不舍昼夜。"人生,在前行的路上,需要有这山、这河的品质……

不争之德

——访广东省教学名师曹干老师

东瀛研修

"一旦你决定好职业,你必须全心投入工作之中,你必须爱自己的工作,千万不要有怨言,你必须穷尽一生磨练技能,这就是成功的秘密,也是让人家敬重的关键。"这是《寿司之神》电影里的主角小野二郎在电影开场时面对镜头的一段独白。

在采访曹老师的途中,聊到了他在日本研修的往事,他提到了日本的职人精神,并向我推荐了 2011 年上映的一部纪录片电影,名字叫《寿司之神》。电影的主角小野二郎,生于 1925 年,2016 年时已经 91 岁的他仍然在工作。他的寿司店名叫"数寄屋桥次郎",位于东京银座附近地铁边上的一间狭窄地下室里,只有 10 个座位,没有洗手间。在这里吃饭要提前 1 个月预约,最低消费 3 万日元(人民币 1700 块左右)起,顾客不能点餐,完全按当天的安排,一顿饭 30 分钟内吃完,顾客要马上走,因为后面还有预约。就是这样一间小店,连续 7 年获得了米其林 3 星的荣誉。

职人,是日语中对于拥有精湛技艺的手工艺者的称呼,虽然字面上看起来简单,但"职人精神"代表着精益求精、坚韧不拔,因此在日本,"职人"是一个令人肃然起敬的称谓。1992 年,34 岁的曹干老师在日本鹿儿岛县工业俱乐部研修期间,深受日本"职人"精神的影响。日本人做事专注、投入,虔诚,他们认为万物皆有灵性,一个小小的生活细节曾触动到曹老师:一位日本手艺人做一件木制工艺品，下料时没把握好尺度，对材料造成了一些浪费，他会双手合十忏悔，表达感恩、敬畏和愧疚之情。这种谦卑、虔诚、勤奋、心怀感恩和敬畏之心的日本"职人"精神，对他一生都产生了深远的意义。曹老师在日本研修的一年时间里，创作出一批高品质、高水准的陶艺作品，《琴棋书画》《锦上添花》《云龙观音》《冬山》《游乐图》等作品作为非卖品在锦江陶艺馆长期陈列展示，单件作品卖价高达一千万日元，为企业创造经济价值逾亿日元，折合人民币近千万元。

曹老师的家乡，是中国著名的何首乌之乡，江苏盐城市的滨海县。儿童时代的他就喜欢画画，六七岁时受家叔的影响，对绘画更是产生了深厚的兴趣，17岁那年，参加江苏省的一个画展，他的一幅民俗画作品被刊在《江苏文艺》杂志的封底；他早年先后脱产学习于滨海县文化局绘画创作班、江苏宜兴轻工业学校美术专业青年老师培训班和南京艺术学院美术研究生班。工作期间，他曾参加过北京大学的"首届景观设计高校教师培训班"和新加坡南洋理工学院的"NYP职业技术发展与办学理念"培训班，扎实的专业功底、优异的禀赋以及宽广的视野造就了他在绘画、陶艺和设计艺术道路上的非凡成就。

课改之路

1997年，受广州番禺职业技术学院（原番禺理工学院）的邀请，曹老师一家三口移至广州定居工作。他当年所在的系名叫"建筑与工业设计系"，系里总共才4位老师，2个学生班，约50人左右。白天他们上课，晚上值班当"保安"，负责学校的安全保护工作。建筑与工业设计系从小到大，从大到强，到后来独立分离出来变成"艺术设计学院"，从示范建设到后示范建设，学院的发展、学生的成长、专业的精进，曹老师是学院这一系列改革发展的思考者和践行者。

2004年，曹老师提出了"先专业"的新思路，颠覆了"基础—专业基础—专业"的"旧三段"体系。根据艺术设计岗位的任职要求，在充分论证的基础上，曹老师对原课程体系进行了解构和重组，于2006年创立了"专业—基础—

专业"项目课程体系。课程实施"项目化"的教学模式，用项目来贯穿所有的专业课程，以工作任务为导向，将原来游离于专业之外的"纯基础""纯知识""纯技能"的孤立训练课程内容纳入项目设计工作中，回归到职业能力培养这个基点上来，使独立的单体课程"有机化"。用项目把过去静态的课程"激活"，使其在项目中找到自己的位置，担负起项目赋予的教学内容，使独立的单体课程系列化、一体化，以专业带动基础，以项目承载教学，以任务驱动学习，以工作训练素质，实现基础与专业、理论与实践、专业与职业的高度融合，形成一个为了完成项目任务而教、为了完成项目中的工作而学的课程教学体系。曹老师主张学生为用而去学知识，为用而去练技能，边做边学，边学边做，在做中学、在学中做。2004年11月，他的教学改革论文《专业—基础—专业—高等职业教育艺术设计专业教学改革思考》获广东省高校美术与艺术设计教育专业委员会学术年会"优秀论文一等奖"。

曹老师提出了"工作化"的教学模式，即要求学生学习要用在公司工作一样的态度去对待，使其在工作中学会学习，在学习中学会工作，既训练学生的专业技能，又培养学生的团队意识和敬业精神。在技能训练中，不一味地为技能而技能，而是将技能学习与岗位任务紧密联系；在课程考核上，根据任务完成情况、时间管理能力、工作表现等进行综合评价，不仅达到考核目的，还充分发挥了育人的作用，为学生今后走上社会、适应企业的管理、提高学生的职业能力和就业能力奠定了良好的基础。2007年，他基于"工作化"的教学模式，以环境艺术设计专业为试点，探索实践，整合了室内设计原理、人体工程学、空间设计、采光与照明、家具设计、模型设计与制作等多门课程，开发了"室内设计策划"课程，取得了显著的成效。该项成果获广东省教学成果二等奖。该课程被评为国家精品课程和国家精品资源共享课程。

此外，曹老师编写的《美术设计基础》教材，以"够用""管用"为原则，改变传统"纯绘画式"的美术基础教学模式，将美术史论、素描、平面构成、图形创意、色彩构成等独立课程进行归纳、取舍，重新构建了以适合当代艺术设计行业实际工作需求的美术设计基础模块课程，对高等教育艺术类专业的教学改革产生了较大的影响。该教材被评为"十一五""十二五"国家规划教材。

番职之美

番禺区市良路1342号,广州番禺职业技术学院,广州市园林单位,倘徉漫步于这所占地2000亩、依山而建、依水而居的美丽校园,不管你是学生或老师,或一位普通的访客,都会被这里钟灵毓秀、静美如画的山水风情所吸引。

自东门而入,步行约70米,一块长4.5米、高4米的"学以致用"的校训碑石映入眼帘,碑石取自粤北的黄水石,石形稳如泰山、雄浑天成,"学以致用"四个字以篆书勒石,融汉隶笔意,中锋用笔,笔力遒劲,刚猛豪放,文与石相得益彰。细赏碑石,静中寓动,平中有奇,字中的一笔一画,顾盼生姿,神与形合,妙趣盎然。碑石朴厚大气,与美丽的大学校园环境相融相生,成为学院的一道风景线,也成了毕业生常去拍照的地方,被誉为"校园八景"之一;迈过校训碑石,向左沿湖面如镜的青山湖沿路而行,步行约200米,有一处小的竹林公园依傍在马路的右侧,这里虽没有茂林修竹之态,但清幽静谧,竹叶清脆,每天清晨,柔和的阳光下,蒙蒙的朝雾中,都会看到三五学生,坐在园中的石板凳上,捧着书本,或朗诵,或静读。园中有一小湖,湖中荷叶田田,曲径通幽,夏日睡莲含苞待放,湖心有一处鎏光的石型雕塑,上有日晷石雕,这日晷的灵感设计似乎在间接的暗示着坐在周围读书的学生,时光易逝,请珍惜大学的美好光阴,这个公园就是"校园八景"的另一处景观——竹漪园;向左走出公园,沿马路继续向上行走约100米,过艺术设计学院建筑群,马路坡度轻微下降,再走30米,只见有一处白墙红瓦、一层楼高的建筑依偎在山林之间,这座陶吧静静躺卧在山脚下,时光越久,似乎越有温度。这座陶吧占地300平方米,创建于1999年,里面配备有煤气窑、电窑和拉坯机等陶艺制作设备,可以完成从陶瓷装饰品到设计制作到烧制成品的全过程,并配有小型陶艺作品展示间,陈列师生优秀作品,在满足陶艺教学的同时,长期对外开放。这座房子还有一个诗意的名字——"青萝陶吧",同样也是"校园八景"之一。

上述所列的"校园八景"中的"学以致用"校训碑石、竹漪园、青萝陶吧，它们的设计均出自曹老师一人之手。1997年以来，曹老师先后主持学校图书馆、报告厅、展厅、外文期刊室、电子阅览室等环境项目设计与建设工作，此外，小到学校的校徽、校旗，手语协会会标，大到港旅图书馆"华夏之光"浮雕的设计，都凝聚了曹老师大量的心血，也饱含了他对学院那份浓浓的心底无私天地宽的大爱之情。

为师之道

"学生来学校是学习的，作业做得不好、回答问题有错是常态，老师对学生要有足够的耐心；尽量不去批评学生，每位学生都有自尊心，一旦受到伤害，学生可能会一辈子记住这件事；对学生的进步和成长，要给予及时的赞美和表扬；对自负的学生，要用巧妙的艺术去减弱他的自负心，对于艺术专业的学生，最好的方式是拿更优秀的作品摆在他们面前，让其自惭形秽。"

曹老师认为，艺术设计教学既是一项形式丰富、充满激情与创造性的工作，又是一项计划周密、理性、讲究逻辑与操作性的系统性工程。他曾说："浪漫出自严谨，灵感来自勤奋，个性寓于朴实。"曹老师对"浪漫""灵感""个性"这三个词做了独到的诠释。艺术是讲究浪漫的，艺术是需要灵感的，艺术是追求个性的，但浪漫不等于不守规矩，灵感不等于袖手等待，个性不等于刻意张扬。在强调艺术个性、创造与特殊性同时，还需要强调技术性与严谨、踏实的工作作风。在教学中，他贯彻艺术与技术并重的理念，既注重训练学生的创意思维，培养学生天马行空、勇于探索、大胆创新的艺术素质，又看重学生的学习和工作态度，让其具有脚踏实地、理性严谨、诚实守信、服务他人的职业道德。

曹老师多次强调做人的重要性，要成为一名合格甚至优秀的高职院校教师，第一也是最重要的一点是先学会做人，曾经在他的书法全院选修课上，他用不同类型的书法字体深刻地诠释了"人"的内涵和意义，"人"字代表稳重、顶天立地、独立、谦卑、帮助别人、担当等深刻的做人之道。做事先做人，做好一名高职院校的专业教师还需要有爱心、耐心和同情心；此外，他还强调高职院校专业教师应有深厚扎实的专业功底。他曾说："做人难，做高职院校专业教师更难，做高职院校艺术设计类的专业教师则难上加难"，从他的这句话中可以看出，要想成为一名优秀的高职院校艺术设计类的专业教师，优秀的人品和深厚的专业技能是必不可少的。

从教 30 余年，他指导的学生参加国家、省、市级各类比赛，成绩突出，获奖无数；他多次获教学质量优秀奖，先后获得广东省"园丁奖"、优秀指导教师奖、校级优秀教师、番禺区优秀教师、广州市优秀教师、南粤优秀教师等称号。去年 10 月，他又被评为第二届"寻找羊城最美教师"活动中的"最受学生喜爱老师"。

不争之德

年轻时候的曹老师喜欢长跑，步入中年后的他，静养成了主要的健身方式。他喜欢西方古典交响乐，对中国的古代民乐也颇有兴趣，尤其喜听古琴音乐。说起养生之道，他践行两点，一是吃饭七分饱，二是微冷的天气穿单衣，古代说的三分饥寒就是这个道理。当代人的很多疾病都是在营养过剩、舒适安逸的条件下产生的，正所谓"三分饥和寒，容易保平安"。曹老师看上去绝不像一位快要 60 岁即将退休的人，来学校 19 年，他没有去医院做过一次体验，这么多年来，也很少去看过医生。

他每天 5 点半左右起床，最迟不会超过 6 点，起来后练练字，看看经典传统文化的书。他几乎每天是"两点一线"的生活，早上坐八点的校车从南郊教工大院至学校，晚上坐九点半或十点的校车回南郊教职工大院，周末的大部分时间基本也是在学校。

曹老师职场生涯四十余载，他信奉"不争之德"四字。很多人很累，很大原因来源于一个"争"字。《道德经》有云："善为士者不武。善战者不怒。善胜敌者不与。善用人者为之下。是谓不争之德，是谓用人之力，是谓配天古之极。"善于统兵者，不穷兵黩武；善于打仗者，不会被激怒；善于战敌者，不会与敌对持；善于用人者，谦下之。这就是所说的不争强斗气的道德，这就是所说的发挥人的积极性，这就是所说的遵循客观规律。老子的和谐文化思想是指导人们驱除烦恼、洞察世事的人生真谛。超脱世俗功名利禄的羁绊，使迷失的本来、障迷的本性获得真知真觉的大智慧。不争之德即是完善个人道德，实现自我与万事万物和谐相处的有效通路。

2600年前的老子还说："不自见，故明；不自是，故彰；不自伐，故有功；不自矜，故长；夫唯不争，故天下莫能与之争。"只有那不与人相争的人，世界上才没有人能和他相争。

不与世人一般见识、不与世人争一时之长短，做到至柔却能容天下的胸襟和气度。老子所说的"不争"，通俗地讲就是不争利、不争名、不争功；老子教导效法水之"不争"，他的思想对中国文化和人们的日常生活产生了巨大影响。"不争"，长期以来被互相竞逐利禄、急功近利的人视为保守、消极厌世、不思进取。其实，仔细品味老子的思想，他所说的"不争"并非是教人凡事不求进取、无所作为，而是教人要用无为的心来做有为的事，从人类历史长河和未来发展看，老子的和谐思想永远闪烁着不灭的光辉，与天地人类共存。

不争，是道的标准，也是德的标准。

回归

——访国家万人计划教学名师、财经学院院长杨则文教授

一代人的情怀

杨老师作为"60后"知识分子的代表，那份国家义务、社会责任以及说不清根由的义气，深深地打动了我。"平时嘴里不讲理想情怀，其实，它已深入我们这一代人的骨髓里面。"杨老师很平和地说。年轻时，他是一位文学青年，喜欢写一点小资情调的诗歌散文，但在20世纪80年代改革开放的大潮中，他深深地体会到：比起文学青年来说，国家更需要的是能够为经济建设直接做出贡献的经济管理人才。工作3年后，他毅然放下自己的兴趣爱好，把主要精力转移到经济管理方面，从此定下一生的专业方向。他坦然，尽管不一定是自己最感兴趣的，但，它是对这个社会和对自己最有益的。

1993年和1997年，杨老师分别一次性通过全国注册会计师和注册税务师考试。当年，他白天忙工作，只有晚上才有时间看书。他看书学习有自己的方法：一是系统梳理知识体系，把西方经济学理论与中国改革开放结合起来；二是结合自己的工作实践，对财务管理、经济预测的各种公式和模型进行理论联系实际的应用，在工作中融会贯通。1997年，他甚至通过了副县长职位的招聘考试，但他认为自己的长项不在行政事务方面。他能如此高效率的一次性通过这些难度不一般的考试，除了本身的天赋和自身的刻苦努力以外，那份为国家经济建设添砖加瓦的信念一直是他永不泯灭的动力。

"发达的资本主义是干出来的，发达的社会主义更是干出来的，不管是哪个社会，它的高度发达一定是人干出来的，不是吹出来的，学校的高速发展也是人干出来的。"回顾2006年开始的示范建设那段岁月，杨老师深有感触。他主持国家示范专业金融管理与实务专业及专业群的建设工作，还主持国家精品课程"税法"建设，那段时日，他很少有在凌晨一点之前休息的，甚至曾连续13天与同事一起工作到凌晨3点。

作为专业带头人，杨老师带领他的团队将金融专业从学校的一个边缘专业建设成了国家示范专业，他率先编写系里第一本项目课程教材，率先建设第一门精品课程和精品资源共享课，以自己的工作成果做样板培训全学院教师一起投身专业和课程改革。他带领团队成员精心编写教材，在主持专业建设项目中，系统规划统一设计的专业群28本教材获得国家立项。其中，国家级"十二五"规划教材9本，财政部规划教材19本。他主编或独立编著的国家级规划教材共9部。其中《国家税收》和《国家税收学习指导与练习》两本，已出版发行至第10版，累计发行超过百万册。

杨老师长期超负荷工作，为了专业建设和改革，牺牲了大量的休息时间，甚至很大程度牺牲了身体健康。"我们60年代这一批人，对国家对民族有一种放不下的历史责任感，80年代是一个阳光灿烂、充满理想主义色彩的年代，90年代以后，理想主义也没有在我们心中破灭。"他深情地回忆。

公务员到教师

杨老师15岁参加高考、17岁参加工作，第一份工作是湖北省浠水县财政税务局洗马公社财政税务所的税务专管员，工作主要内容是对企业查账和征税，那时国家财政底子很薄，刚刚改革开放，要激活各阶层特别是农民的活力，国家要大量地释放各种权力，包括各种财权。作为税务工作者，工作就是为国家聚财，不让任何一份国家该取得的收入流失，全力以赴地把应该收的税收缴上来，不让任何企业违规或违法的事情在自己眼皮底下发生。杨老师和同事都对工作和国家有一种非常强烈的忠诚。到企业查账和征税过程中需要处理多方面的矛盾，在工作中甚至和某些个体户发生直接冲突。

杨老师在税务所里年龄最小，但业务水平却是最高的，因为所里几乎所有同事都没有经过专业的训练。单位每月安排一到两次让他给同事做业务培训，尽管有些人的年龄是他的两倍甚至三倍，同事们都很感谢和尊重他。他22岁当上副所长，当时在黄冈地区110多个税务所里他算是最年轻的领导干部。

1986年，杨老师任职湖北黄冈财税职工中专学校，主要负责给湖北省东部财税系统派来脱产学习的财政干部、税务干部上课。那年他22岁，学生的平均年龄23岁，因为他在税务所工作时也是同事们的"小老师"，深厚的业务功底让他在讲台上收放自如，就这样，他轻车熟路地走上了教师岗位。

20世纪80年代，杨老师在全国率先提出了中国税收会计改革的三大方向，其主要观点以两篇文章发表在权威期刊《税务研究》上，并在1987年出版《税收计会统》一书。在书中，杨老师设计了一套把管理会计融入财务会计的账务体系，把单式记账改为复式记账，把增减记账法改为借贷记账法，把原来反映的会计改为责任的会计。国家税务总局副局长牛立成、计划会计司司长刘浚湘、中南财经大学教授李九龙曾给予很高书面评价。因此，当时杨老师很年轻就应邀到国家税务总局参与制定全国税收会计改革方案。

让课堂动起来

如何让移动互联网时代的90后学生在课堂上积极主动地参与活动，让他们真正地"动"起来，这是每位大学老师都很关心的问题。在30年的职业教育生涯中，杨老师一直践行陶行知先生"做中学、做中教、教学做合一"的职业教育理念，他大力倡导教师在教学过程中要让课堂"动"起来。

他认为让课堂"动"起来的基础首先是符合"动起来"要求的教学场所，他主张高职院校实训室与普通教室的建筑面积比例应当不低于5∶1。只有设了更多的"工位",而非座位,学生才有可能"动"起来。在专业设计上,他强调职业能力核心课程必须是工学结合的课程,必须实现理论与实践一体化、教室与实训室一体化、教师与师傅一体化。在课程设计上,杨老师将自己主持的国家级精品课程"税法"中的完整"法"的知识体系转换为办税员的工作体系,法律知识是"静"的,办税员的工作过程是"动"的,有了"动"的工作过程为基础,课程才能"动"起来。在课堂上,不是老师向学生讲解和描述"动"的过程,而是让学生按照工作过程在老师的指导下"动"起来。在项目设计上,他主张要用心设计好每一个教学项目单元的活动,只有这样,才能支撑起整门课程"动"起来。

他还提出了通过实训基地建设、双师队伍建设、教材改革、考试改革、技能大赛、翻转课堂等方式来提升教学效果,让学生更好地"动"起来。职业技能大赛"既要奥运金牌,更要全民健身",比起大赛获奖,杨老师更倾向于对全体学生技能的长期训练。此外,他鼓励老师将真实的项目带进学校,以真实项目作为课程训练的内容,让学生得到实战训练。还有,他通过立体化教材的建设、考赛结合的课程考核方式以及翻转课堂教学来全面实现让课堂"动"起来。

苏东坡与贾宝玉

杨老师的老家在湖北黄冈,他很喜欢一位曾经在黄冈工作生活的古人,他就是大文豪苏东坡。他聊苏轼,就像谈身边的一位老朋友:"他不像李白那样飘逸,让人感觉永远跟不上,跟诗仙在一起,会感觉到很有压力。他又不像杜甫那样沉重,让人感到压抑和愤懑,跟诗圣在一起,会感到对现实的无可奈何。苏轼'上可陪玉皇大帝,下可以陪田院乞儿,眼前见天下无一不好人',他的人生过得很潇洒,任何艰难困苦或者青云直上的环境,都影响不了他内心的快乐,他给人的感觉是:他是我哥们,是我的朋友,跟他在一起很快乐。"

苏东坡汲取了儒释道三家思想的积极因素。儒家的入世和有为,引导他热爱生活和人生；道家的无为特别是庄子的齐物论，又使他淡泊名利，在逆境中也显得从容自如；佛家的静达圆通，则启迪他走向圆融和通达。苏轼在黄冈时写下的前后赤壁赋以及大量的诗词，对杨老师都产生过不同程度的影响。

谈起《红楼梦》，杨老师可以脱口说出书中大部分的诗词、联语、歌赋。16岁那年，一个偶然的机会，他在同学那里借到了一套四卷本的《红楼梦》，同学答应只给他两天时间阅读，他特别珍惜这次难得的机会，就在这两天的课余时间里，他废寝忘食地一次性通读完了这本文学巨著，从此对这本书产生了深厚的感情，在之后的工作生活里，他又曾四遍通读《红楼梦》，最后的一次是2004年，在陪孩子做暑假作业时再次通读了列宁格勒版的《石头记》，读完的那一刹那，他说自己感到一阵阵心痛，是真实的痛，叠在一起的能够承受的生理的痛和不能承受的心理的痛。

"贾宝玉是生活在一个非常等级森严的家族里，但在他的心目中，没有这种观念，人与人之间是生而平等的，他偶尔耍一下公子哥的脾气，都会有内疚之情，在他的眼里，世界上都是好人。《红楼梦》其实是把生活中很多很美好的东西给撕碎了，这就让人更加珍惜生活，珍惜情感，珍惜同事、朋友、家人的关系，让人对世界怀着一种感恩之心。不要认为都是世界亏欠你，其实这个世界已经很好了，它能让人从悲剧中更加懂得珍惜当下的生活。"杨老师动情地聊起这部文学名著。

人的一生中，遇过的人、读过的书、走过的路，都会不同程度影响一个人的气质和格局。从杨老师的身上，能深刻感受到他对教育事业的那份热爱，在身处各种境遇条件下的淡泊、从容和通达的心境以及对待身边同事、朋友的那份尊重、感恩和包容之心。

回归

在访谈末尾，就年轻老师应该如何提升自己这个话题，杨老师聊了他的一点体会。"年轻老师不要把教师仅仅当成一份职业和打的一份工,虽然它是打的一份工,靠这个来养家,但它不是一般的工作,它需要有一种情怀,一种对下一代、对国家的责任心,在这种前提下去不断地完善和提升自己。上课不是说我怎么讲完我的这点知识,而要关注的是我的学生怎么样通过我的教学组织,能力有所提高,年轻教师要用心在课堂上,精心地组织好每一堂课。如果老师在课堂上忽悠了一个小时,浪费的就是50个小时,别人的50个小时比自己的这一个小时贵多了,学生在最青春的年华,18岁被送到这里来学习,不说别的,这样做会良心上过不去。再说,老师在课堂上没有成就感,那生命的价值又在哪里?教书就是一种理想、情怀支撑下干的一件事,它倾入了生命在里面,倾入了全部的情感在里面……"这一番话,语重心长,让人深思。

"我平时说话好像没劲,但一站上讲台,情绪就会非常饱满,只有感动自己,才能感动学生,讲课时要精神饱满、充满自信,你自己在那里有气无力、没精打采地讲,学生怎么能集中精力听你的课?"聊起课堂教学,他脸上洋溢着热情和期盼。

杨老师职场生涯36年,躬耕教学、服务社会,践行学做合一,奠定了他在职业教育会计金融领域的重要地位。他曾先后担任中文核心期刊《会计之友》审稿专家、全国金融职业教育教学指导委员会委员兼副秘书长、全国财政职业教育教学指导委员会教学科研组副组长及副秘书长、财政部教材编审委员会高职高专金融组组长、全国职业院校技能大赛银行业务综合技能竞赛方案设计专家组组长、中国商业会计学会第八届理事会高职高专部副主任、深圳智盛信息技术有限公司高级顾问、广州市人民政府重大行政决策论证专家、广州市财政局绩效管理专家。这些荣誉和头衔,在他看来,都远远不及"老师"这个称呼那么有分量。

"做普通教师(没有兼职的管理工作)那几年是我一生中最快乐的时光!"杨老师坦然说。"我在税务所当最年轻的副所长时,选择了到学校当一位普通的老师。在黄冈当了8年副校长,我到这里来再当一位普通老师。我觉得做普通教师的时光是最幸福的。"不管杨老师身兼多少职位,他战斗的舞台一直是在教学和培训一线上。

回归,任何一名教师,无论他(她)身上的头衔职位有多高、光环有多大,他(她)最原始的落脚点、最让他(她)感到骄傲和自豪的地方、最让他(她)内心感到柔软的地方,还是回归到那个最朴实、最亲切的称呼:"老师"。

第三篇　研究篇

国家级教学名师成长特质及重要启示

——基于珠三角三所国家示范性高职院校六位国家级教学名师的访谈质性研究

摘要：本文以珠三角地区三所国家级示范高职院校的六位国家级教学名师为研究对象，通过深度访谈，聆听了他们在教学、科研、休闲等方面的体会和反思，总结出他们之所以成为国家级教学名师的8点共同特质：以爱为基、协同发展、责任第一、善思勤奋、注重实践、管理自我、工作投入、享受闲暇。据此，概括出两条重要结论：第一，教学名师成长成才的内因重于外因，第二，教学名师是心流体验的常客。最后，提出了塑造高度责任心、培养思考习惯、热爱教师职业、多下企业锻炼、完善自我管理、平衡工作生活、懂得娱乐怡情六条探索性建议，以供高职院校中青年教师学习参考和借鉴。

关键词：高职院校；教学名师；成长特质；责任心；心流

一、引言

《国家中长期教育改革和发展规划纲要（2010—2020年）》第五十三条强调："提高教师业务水平，完善培养培训体系，做好培养培训规划……，培养教育教学骨干、'双师型'教师、学术带头人和校长，造就一批教学名师和学科领军人才。"[1]从以上国家政策文件可以看出，国家对教育人才特别是教学名师、学术带头人、学科领军人才的高度重视。近10年来，在高职院校中有近90位教师被评为国家级教学名师，这个数字相对于全国1300多所高职院校的几十万名高职教师群体而言，是非常稀少的。

教学名师对一所学校乃至整个社会的意义非同寻常。高职院校的教学名师们立足讲台，钻研学术、服务社会，为推动我国高等职业教育的发展、培养具有一技之长的应用型人才等方面做出了突出贡献。教学名师的影响力如此深远，他们从一名普通教师成长为国家级教学名师，他们成长的背后有没有规律可寻？本着这一出发点，此文将呈现一份质性研究报告，以珠三角地区3所国家示范性高职院校的6名国家级教学名师为研究对象，通过深度访谈，研究他们成长发展的轨迹，意在对高职院校的教学名师的成长特征做深入探究，总结出他们成长成才的规律，以便让广大高职院校的中青年教师从名师身上收获更多的启发和反思，进而积极影响到他们的行动，最终让中青年教师得到更好地成长和发展。

二、研究设计与实施

（一）样本的选择

本次研究中接受访谈的6位国家级教学名师来自广东三所国家示范性高职院校，他们的专业背景各不相同，年龄区间涵盖50、60、70三个年代，学历层次包含两位博士、两位研究生和两位本科。其中B老师和C老师不仅是国家级教学名师，还是国家万人计划教学名师，在样本的选取上，6位研究对象具有一定的典型性和代表性。

表1 被采访者背景信息

研究参与者	所属学校	年龄	专业	名师属性	访谈形式
A老师	深圳职业技术学院	61岁	模具设计	国家级教学名师	电话访谈
B老师	深圳职业技术学院	49岁	市场营销	国家级及万人计划教学名师	电话访谈
C老师	广东轻工职业技术学院	47岁	精细化工	国家级及万人计划教学名师	电话访谈

续表

研究参与者	所属学校	年龄	专业	名师属性	访谈形式
D 老师	广州番禺职业技术学院	60 岁	艺术设计	国家级教学名师	面对面访谈
E 老师	广州番禺职业技术学院	54 岁	金融管理	国家万人计划教学名师	面对面访谈
F 老师	广州番禺职业技术学院	55 岁	玩具设计	国家万人计划教学名师	面对面访谈

（二）研究的设计与实施

基于研究目的，笔者在采访前编制了一个结构化的访谈提纲，其中的 12 个问题分别是：（1）您最终选择教师这一职业的主要原因是什么？（2）您的教育理念是怎么样的？（3）您认为一位优秀的高职院校教师的师德应该包括哪几个要素？（4）教学工作给您带来的最大价值和意义是什么？（5）您平时的工作状态或工作投入程度如何？（6）您在科研和社会服务方面有何心得体会？（7）您有几年企业工作经历？如果有，请问这些工作经历对您教学的最大影响是什么？（8）在您的职业生涯历程中，有没有对您的成长有比较大帮助和影响的人和事？（9）在您过去十几年的教学及生活中，您工作日当中典型的一天、典型的一个周末和典型的一个寒暑假是如何度过或安排的？（10）您有钟爱的兴趣爱好吗？您一般如何安排自己的闲暇时光？（11）您在平衡工作与生活上有何心得体会？（12）您能成为国家级教学名师的主要原因是什么？

本研究中的六位国家级名师是通过笔者主动联系或其他学校朋友推荐所认识。2015 年 3 月末至 2018 年 2 月末，笔者分别对六位国家级教学名师进行了结构化的采访，访谈前向六位名师说明了课题研究的目的、意义和录音文字的处理方式，并告知论文里不会出现他们的真名，只会出现他们认为合适的别名或代号。访谈形式有面对面访谈和电话访谈两种，访谈花了近一年的时间，采访过程中，得到了六位名师的积极回应，他们真诚、友好、助人的精神贯穿于整个采访过程，访谈从头到尾都是轻松和愉悦的，每位名师的访谈时间从60分钟到90分钟不等，总共采访时长为462分钟，采访前得到被采访人的同意，对采访内容进行了录音，最后，录音转成了93556字的文本。

三、访谈信息记录与编码

（一）访谈信息记录

基于方便提炼和表述访谈记录，笔者对访谈资料中最有价值的8个问题进行了总结和概括，并以表格的形式呈现如下：

表2 问题（2）及回答

	A老师	B老师	C老师	D老师	E老师	F老师
教育理念	自己要有实力，对学生要有耐心	严格加亲和，学生需要管理	寓教于研，训练学生的思维、创新和解决问题的能力	胸怀博爱之心，尽量让每位学生受益	教、学、做合一，让课堂动起来	发现学生的长处，引导纠正学生的失误过错

表3 问题（3）及回答

	A老师	B老师	C老师	D老师	E老师	F老师
优秀的高职院校教师的师德包括哪些	爱学生、责任心和使命感	责任心、专业、关爱学生	责任心放在第一位	责任感强有奉献精神、舍得付出	教师需要理想和情怀、对国家有责任心	教学是个良心活，必须对学生负责

表4 问题（5）及回答

	A 老师	B 老师	C 老师	D 老师	E 老师	F 老师
平时工作状态和投入程度	非常投入、学生听我的课是享受	享受工作的过程和这份工作带来的快乐	做实验挑灯夜战是常有的事，乐此不疲	给学生上课有时完全忘记时间	讲台上情绪非常饱满、元气十足	精力充沛，课堂上能很好地控制学生注意力

表5 问题（6）及回答

	A 老师	B 老师	C 老师	D 老师	E 老师	F 老师
科研和社会服务方面的成长体会	多申报、多练习撰写课题和论文	主动走出去服务中小企业	组建好一个科研团队，培养出一支创新型学生队伍，服务好一家企业	把服务企业的项目融入教学与科研中	教学、科研与社会服务协同创新，相互促进	主动给自己找些"麻烦"

表6 问题（7）及回答

	A 老师	B 老师	C 老师	D 老师	E 老师	F 老师
企业工作经历的时间及它对教学最大的影响	3年，知道把企业最需要的能力培养给学生	2年，企业讲究实效，学生能力培养上会更接地气	2年，明白企业需要什么，教学目标更明确	1年，可以让学生做出的作品变成商品和产品	兼职8年，企业信息的前沿性有助于教学科研	18年，可以让课堂更丰富生动

表7 问题（10）及回答

	A 老师	B 老师	C 老师	D 老师	E 老师	F 老师
钟爱的兴趣爱好	钟爱游泳	喜好读书和旅行	喜欢爬山	钟情下棋和健走	热爱读书	乒乓球健将

表8 问题（11）及回答

	A老师	B老师	C老师	D老师	E老师	F老师
平衡工作与生活的心得体会	工作中尽心的投入，生活中有专注的爱好	提高工作效率，学会享受生活	今日事，今日毕	工作和生活都需要投入忘我的精神	做好时间管理，重视每天的日程安排	生活中多运动有利于提高工作效能

表9 问题（12）及回答

	A老师	B老师	C老师	D老师	E老师	F老师
能成为国家级教学名师的主要原因	责任心强，乐于思考，勤奋，人缘好	热情、执着、机缘好、有天分	好奇心、进取心、好学、勤奋、感恩	善于思考，乐于钻研，对学生有博爱之心	教师情结和家国情怀、责任心、勤奋	爱心、责任心、勤奋、进取

（二）文本信息编码

在社会科学研究领域，编码是把复杂、多样的研究信息集中、归纳起来，并将方式、过程和结果简化。进一步来说，编码的实质是以一个或多个关键词或字句与研究片段内容中的重要信息形成关联，以便之后能对这些重要信息加以方便确认。[2]在质性研究中，编码有一级编码、二级编码和三级编码之分。一级编码是初级编码，二级编码是中级编码，三级编码是高级编码。根据实际情况，有的质性研究只需两级编码就可以了。[3]如在本文的研究中，有两级编码就充足了，所以二级编码就是高级编码。

一级编码应该"保持开放、贴近数据、使你的代码简单而精准"。[4]在本文的研究中，笔者对六位国家级教学名师的8个关键性问题访谈文本内容进行了一级编码，它们分别是：教育理念多样，以关爱和培养学生能力为主；责任心是师德最核心的要素；工作时投入、专注和享受；积极主动做事，教学与科研、社会服务应协同发展；企业平均工作时间为5.6年，可以更好地培养学生的能力是企业工作经历对教学的最大影响；兴趣爱好广泛而专注，阅读和健身是主要方向；良好的目标管理、时间管理和精力管理能力有利于促进工作与生活的平衡；责任心强烈、乐于善于思考、进取勤奋是成为国家级名师最主要的原因。

二级编码意味着使用最重要或出现频繁的初始代码来对大部分数据进行分类、综合和组织，目的是确定那些代码是否充分反映了数据。[6]笔者对6位国家级教学名师的8个关键性问题访谈文本内容进行了二级编码，它们分别是：以爱为基础培养学生能力；责任心是师德之魂；工作投入享受；专业成长协同发展；企业经历有助于更好培养学生能力；专注的爱好丰富闲暇时光；自我管理能力强；责任心、善思和勤奋。

之所以这样进行一级和二级编码，是因为这样可以在六位国家级教学名师对8个访谈问题的48个回答的诸多信息中提炼出访谈内容中最关键的信息，以便于接下来的分析与阐述，进而揭示国家级教学名师的成长之道，也就是他们优于别人的成长特质究竟体现在哪里。这样概括出来，有利于我国高职院校专业教师更好地开展教书育人工作，进而完善和提升我国高职院校教师的教育教学质量，让更多优秀的教师成为像国家级教学名师一样卓越的教师。

四、分析与阐释

虽然两种类型的国家级名师在评选时都有一些标准，如国家级教学名师总的标准为：在学术研究中取得突出成就的同时，主动承担本专科基础课教学任务，努力探索教育教学规律，在引领教学内容、方法和手段改革、创新课程教材和教学模式等方面做出了突出成绩。[6]国家万人计划教学名师总的标准为：忠诚于党和人民的教育事业，全面贯彻党的教育方针，为人师表，师德高尚；长期从事一线教学工作……，教学成果和教育质量突出；在教育领域和全社会享有较高声望，师生群众公认。[7]但是我们发现，仅从评选标准我们无法了解他们为什么比别的老师更优秀和卓越，因此我们必须通过深度访谈的方式对其成长规律作质性研究分析和阐述，进而总结出他们的共同特质，由于上面 8 个表格已经对六位国家级教学名师进行了访谈、记录并编码，因此就能进而分析获得的重要信息，从而依据这些信息来阐释他们的成长特质，详情见下图。

```
                    国家级教学名师成长特质分析
        ┌──────────────┬──────────────┬──────────────┬──────────────┐
   以爱为基，协同发展   责任第一，善思勤奋   注重实践，管理自我   工作投入，闲暇享受
   ┌────────┬────────┐ ┌────────┬────────┐ ┌────────┬────────┐ ┌────────┬────────┐
   以爱为基础，培养学生能力  专业成长，协同发展  责任心是师德之魂  高度负责，善思和勤奋  企业经历助推学生能力培养  自我管理能力强  工作投入享受  专注的爱好丰富闲暇时光
```

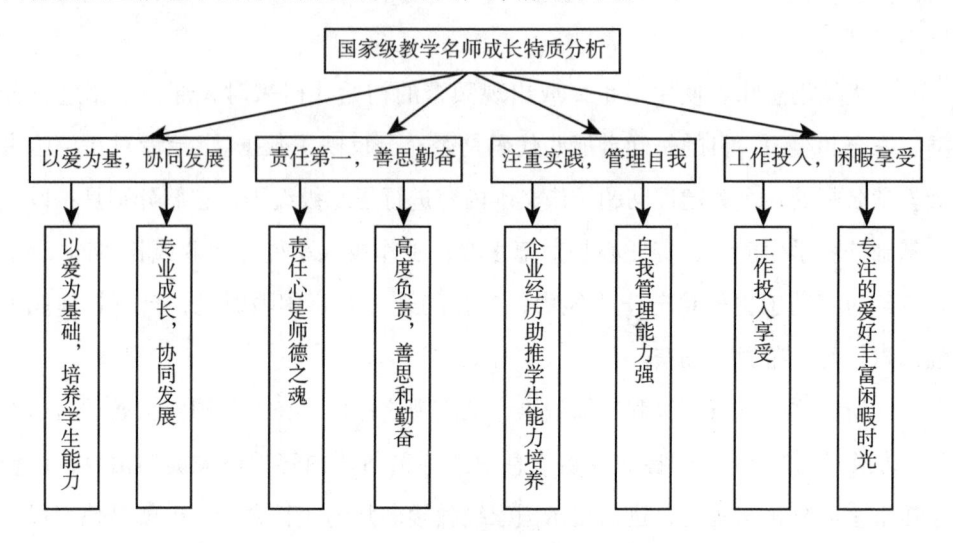

图 1　国家级教学名师成长特质分析图

（一）以爱为基，协同发展

对学生有耐心、管理好学生、胸怀博爱之心、引导纠正学生过失等，这些行为表现都体现出名师们对学生的关爱之心。此外，训练学生的思维能力、创新能力、解决问题的能力，注重教、学、做合一等教育理念也反映出了名师对高职院校学生能力培养的重视。

大学的使命包括人才培养、科学研究、社会服务和文化传承创新这四个方面，谈到做科研与社会服务的心得体会，六位名师除了鼓励积极主动参与外，特别强调教师专业成长的协同发展，即要协同好教学、科研与社会服务之间的关系，让科研与社会服务更好地反哺教学，三者相得益彰、协同发展。

（二）责任第一，善思勤奋

6位国家级名师在关于师德这个问题的回答中，无一例外的提到了"责任心"这三个字，他们认为，作为一名教师，要有使命感，有家国情怀，自身专业水平要过硬，要舍得付出，这份工作是一份良心活，这些都需要老师有一份赤热的责任心。

责任心强、乐于思考、勤奋、人缘好、热情、执着、天分、好奇心、进取心、善于思考、感恩、博爱、家国情怀，这些关键词是受访者总结出的成为国家级名师的重要原因。其中责任心强、善思、勤奋是出现频率最高的三个关键词。

（三）注重实践，管理自我

他们一致认为高职院校教师有企业实践经历非常重要，它能让老师更好地掌握企业最前沿的信息、知晓企业需要什么能力和素质的学生，这样不但可以丰富课堂的教学，更重要的是可以更有效的培养学生的实际能力，为高职院校学生一技之长能力的培养和塑造奠定坚实的基础。

在采访中发现，6位国家级教学名师都很擅长自我管理，不管是在目标管理和时间管理上，还是心态管理或精力管理方面，都展现出了他们对工作和生活的良好习惯和积极心理品质，如今日事今日毕，工作和生活中都要有投入忘我和享受的精神等。

（四）工作投入，闲暇享受

"学生听我的课就是一种享受！""我很享受这份工作给我带来的很多快乐体验。""和学生挑灯夜战做实验是常有的事，我们乐此不疲。""我给学生示范绘画有时完全忘记了下课铃声。""在讲台上情绪非常饱满、元气十足。""我精力很充沛，课堂上能很好地控制学生注意力。"从6位名师工作状态的描述中，可以深刻感受到他们对工作投入、专注、忘我和享受的状态。

在关于名师兴趣爱好及闲暇时光安排的访谈中，6位名师往往有一到二种钟情的兴趣爱好，且在某个爱好上有较高的表现水准并充分享受这些爱好。阅读和健身运动是出现频率最高的两项爱好。他们充分发挥出了兴趣爱好的特长，专注的爱好丰富了他们的闲暇时光，且对他们工作效率的提升有较大的辅助作用。

五、研究结论与建议

（一）研究结论

从全国近1600万专业教师中脱颖而出的这些国家级教学名师和国家万人计划教学名师，他们每一位都在教书育人这一领域发展卓越、令人敬佩，他们之所以能成为国家级的教学名师，以上总结的四点是他们成长的共同特质。通过基于对珠三角三所国家级示范高职院校的6名国家级教学名师的访谈质性研究，我们分析总结出以下两点结论：

1. 教学名师成长成才的内因重于外因

尽管在对名师们的访谈过程中，有部分名师提到一些重要的人和事对自己的成长成才有较大的帮助，但从整体的访谈文本分析来看，教学名师们成长成才的原因由内因构成，外因处于辅助的位置。他们成才的内因主要包括工作高度负责和投入、关爱学生、热爱教师职业、善于思考和勤奋努力、自我管理能力卓越、善于享受休闲时光，等等。

2. 教学名师是心流体验的常客

心流体验属于积极心理学的范畴。美国积极心理学家米哈里·契克森米哈赖把这种心理体验称之为flow，即"心流"。它是指一个人沉浸在某种活动当中，无视其他事物存在的状态，人会投注全部的精力，个体获得对任务高度的掌控感，在身心合一、注意力高度集中的情况下，个体的能力与技能得到极致的发挥。这种体验本身带来莫大的喜悦，使人愿意付出巨大的代价。[8]我们可以发现，

6位教学名师无论是在思考中、工作中还是休闲中，都有过不同程度的心流体验，他们专注、投入、忘我、全神贯注、乐此不疲，他们在这些活动中体验到了喜悦和幸福。

（二）研究建议

基于以上的分析阐述和总结启示，笔者提出以下六点改善高职院校中青年教师成长的建议。

1. 塑造高度责任心，彰显师德之魂

德为师之本，责任心是教师职业道德的重心和核心。在责任心认知的塑造上，高职教师应深刻认识到这份职业背后的光荣使命和沉甸责任；在责任心情感的培养上，高职教师应热爱自己从事的教育工作和所面对的教育对象；在责任心态度根植上，高职教师应本着对学生、对家长、对学校、对社会、对自己高度负责的态度去工作。一旦教师培养了对教育事业的高度责任心，就会主动自发地去做自身应当承担的责任行为：更大限度地展现出自己的能力和价值，获得比别的老师更多的满足感、成就感。

2. 培养思考习惯，提升教学水平

一位教师思考的过程，就是他的能力和素质不断提高的过程。作为一名大学教师，教学改革、课程及专业建设、学术研究、社会服务都离不开深度思考。为此应着力培养教师勤于思考、善于思考、乐于思考的习惯，尤其教师在教学设计、教学技能、课堂管理、教师角色、职业形象及道德等方面应经常进行教学反思，不断总结和超越自我。教学反思会带来教学水平的改善和提升，进而进一步提升成就和乐趣。

3. 热爱教师职业，投入享受工作

一个人能在工作中找到心流，就已踏上改善生活品质的正途了。因为经常感受心流的人较易感觉到坚强、活跃、有创造力、专注、进取等积极情绪。[9]教师如何在工作中找到最优体验，最重要的一点是要热爱教师这份职业，一旦有了热爱，工作的热情和激情就会迸发出来，人身上就会投注更多的精神能量，工作会变得乐趣无穷，进入心流体验的概率会大大提升。此外，不断给自己设定富有挑战又难度适中的任务，创新教学和科研方法，在工作中找到意义感和价值感，教师的职业幸福感就会逐日递增。

4. 多下企业锻炼，提升实践能力

不少专业老师是从本科院校直接进入高职院校从事教学工作，企业实践经历缺乏，而高职院校相对于本科院校而言，更加注重学生一技之长的培养和塑造，故此专业教师的社会实践能力和企业工作经历对于学生专业能力的提升有非常重要的作用。学校应把专业教师下企业实践锻炼作为一项常态化的制度，针对每学期下企业的专业教师制定出科学可行的锻炼目标和考核方案，让企业、学校和专业教师三方都能获益，最终让学生获得最切实的利益。

5. 完善自我管理，平衡工作生活

教师的自我管理主要包括时间管理、精力管理这两大块，时间管理和精力管理的本质都是管理自己，改变自己和完善自己。时间管理理论中有一个四象限法则，即在是否重要与紧急这两大参数中存在重要紧急、重要不紧急、紧急不重要、不紧急不重要这四个维度，科学高效的时间管理应该高度重视重要但不紧急这一象限的管理，把更多的时间投入于此。精力管理包括体能精力、情感精力、思维精力、意志精力四个方面，这四点相互关联、层层递进，当人身体不好时，心情会受负面干扰，一旦情绪受影响，判断就容易失误，当思维不稳定，意志力便会动摇。所以，教师在平时的工作与生活中应注重身体锻炼、控制调节好情绪、提升思维境界、增强意志信念，以此不断提升精力管理水平。

6. 懂得娱乐怡情，培养兴趣爱好

研究表明：体闲活动是积极情绪产生的源泉之一，体闲活动让人获得精神慰藉，休闲不仅使人从工作中解脱出来，获得自由，更重要的是让人获得心灵上的放松。[10]大学教师看似休息的时间比较多，其实需要利用大量业余时间来进行备课、阅读和科研，真正休闲的时间反而并不多，所以更应充分利用好这些宝贵的闲暇时光娱乐怡情，以提高生活品质。培养一项可以持续一生的兴趣爱好是学会娱乐怡情的绝佳途径。不管是艺术、体育、文学、智力、美食、旅行、收藏等等，从这些爱好中投注时间和精力，会产生更多愉悦、酣畅、宁静、欢欣、快慰、振作、激励、希望等积极情绪，[11]

六、结语

"百年大计，教育为本，教育大计，教师为本。"一流的教育需要一流的教师。本文对珠三角地区三所国家示范性高职院校的六名国家级教学名师的成长特质做了一次质性研究的尝试，旨在通过不同的研究方法去探索高职院校教学名师成长成才的轨迹，为广大高职院校青年教师提供一条可供思考学习的线索，从而更好地激励青年教师成长和发展。本研究作为一项探索性研究，尚存在一些不足：首先，研究抽取的样本数量过少，而且采取的是方便抽样的原则；其次，访谈教学名师过程中采用的是结构化访谈提纲，不利的一面在于不能较大范围地扩大受访者的思考范围；最后，关于教学名师心流体验特质的研究和探讨不够深入全面。笔者将会在课题的后续工作中对此展开更全面和深入的研究。

参考文献：

[1] 国家中长期教育改革和发展规划纲要（2010－2020年）[EB/OL].//http://www.moe.gov.cn/srcsite/A01/s7048/201007/t20100729_171904.html.

[2] Hennie R Boeije. Analysis in Qualitative Research [M]. Thousand Oaks, CA：SAGE, 2010.

[3] Johnny Saldana. The Coding Manual For Qualitative Research [M]. Thousand Oaks, CA：SAGE, 2016.

[4][5][美]凯西·卡麦兹.建构扎根理论：质性研究实践指南[M].

重庆：重庆大学出版社，2017.

［6］国家级教学名师奖［EB/OL］. https：//baike. baidu. com/item/.

［7］教育部、中组部启动 2017 年国家"万人计划"教学名师遴选工作［EB/OL］.（2017 - 02 - 13）http：//www. moe. gov. cn/jyb_ xwfb/gzdt_ gzdt/s5987/201702/t20170213_ 296050. html.

［8］［9］［美］米哈里·契克森米哈赖. 心流——最优体验心理学［M］. 北京：中信出版社，2017.

［10］孙惠君. 休闲与积极情绪的产生［J］. 黑龙江教育学院学报，2008（8）：78 - 81.

［11］［美］克里斯托弗·彼得森. 积极心理学［M］. 北京：群言出版社，2012.

"福乐"相伴长久
——高职院校教学名师心流体验研究

——基于七位国家级教学名师心流体验的深度访谈分析

摘要： 本研究选取珠三角地区3所国家级示范高职院校的7位国家级教学名师作为研究对象，对其进行深度质性访谈研究。通过质的类属分析得出，教学名师在工作、思考、人际和休闲中都能找到人生的乐趣，感受到愉悦和快乐。研究得出两结论，教学名师在工作生活中享有众多"心流"体验，名师平衡工作与生活能力强。最后，本研究提出了培养思考习惯，深入思维之乐；热爱教师职业，投入工作之乐；和谐自我他我，融入人际之乐；懂得娱乐怡情，醉入休闲之乐四条建议，供广大青年教师参考和借鉴。

关键词： 教学名师；精神能量；心流；享受

一、问题提出

2016年9月9日，习近平在北京市八一学校看望慰问师生时发表重要讲话，他指出，"各级党委和政府要满腔热情关心教师，让广大教师安心从教、热心从教、舒心从教、静心从教，让广大教师在岗位上有幸福感、事业上有成就感、社会上有荣誉感，让教师成为让人羡慕的职业。"[1]总书记在讲话中提到"四心从教"，这主要是从外部环境上让政府给予广大教师各项支持和关心，以使人民教师更有幸福感、成就感和荣誉感。除了以上所述，影响教师幸福感还有另外非常重要的一点，就是教师在教学工作和生活中能否感受到各种最优体验，即他们在工作生活中是否能经历更多的"心流"状态。

美国芝加哥大学心理学家米哈里·契克森特米哈赖一生专注于研究成功卓越人士的成长经验和高峰体验。他在20世纪70年代中期提出了FLOW理论。FLOW有很多种中文译法，比如流畅\福乐、心流、福流、神迷、流动。

福乐是一种感觉、状态和体验，是指一个人在自觉自发的前提下，对某一活动或事物表现出浓厚而强烈的兴趣，并能推动自己完全投入进去，把自己的优势发挥到极致，进入一种完全沉浸其中的状态。它包含愉快、兴趣、忘我等情绪。在这个过程中，参与者不但向往结果的出现，更重要的是整个过程中的每个环节均是对参与人的奖赏和勉励。[2] "Flow"英文一词与中文的"福乐"一词谐音相近。常有"心流"体验的人，在工作中往往能葆有更好的激情和动力，工作时心无旁骛，物我两忘而倍感时间飞逝，在生活中也更有掌控力和满足感，享有更多的快乐和幸福体验。

如何提升全国1600万专任教师的幸福感和成就感，当下，除了各级政府不断提升教师的职业收入，社会各届人士更加尊重教师这一职业以外，最重要的是广大教师要从自身出发，在工作和生活中不断寻求和探索最优体验，让幸福感从内而外真正的焕发出来，这才是提升广大教师幸福感和成就感的全面解决之道。本着这一出发点，笔者对珠三角地区3所国家级示范高职院校的7位国家级教学名师进行了一次关于"心流"体验的深度访谈研究，旨在通过此项研究去找寻教学名师在工作生活中的各类"心流"体验规律，希望通过这项质性研究，能给高校教师一些启发和借鉴，以更好地提升教师的主观幸福感。

二、研究方法

（一）研究对象

2015年3月至今，笔者兼职担任广州番禺职业技术学院管理学院教师发展中心人物性文化期刊《青蓝》执行主编，期刊中的"名师之路"栏目由笔者负责，主要工作为采访学校以及广东省内其他高职院校省级以上教学名师，事后完成撰稿。在近5年的时间里，笔者采访了13位省级以上教学名师。其中有7位为国家级教学名师。这7位老师分布于广东省内的3所国家级示范高职院校，其中Z1老师和Z2老师为国家级教学名师，Y老师、Q老师和K老师是国家万人计划教学名师，L老师和G老师既是国家级教学名师，又是万人计划教学名师。名师的基本信息见表1。

表1 受访名师基本信息表

对象	性别	年龄	所属学校	专业	访谈形式
Z1 老师	男	61 岁	广州番禺职业技术学院	艺术设计	面对面访谈
Y 老师	男	55 岁	广州番禺职业技术学院	金融管理	面对面访谈
Q 老师	女	56 岁	广州番禺职业技术学院	玩具设计	面对面访谈
K 老师	女	52 岁	广州番禺职业技术学院	企业管理	面对面访谈
Z2 老师	男	62 岁	深圳职业技术学院	模具设计	电话访谈
L 老师	女	50 岁	深圳职业技术学院	市场营销	电话访谈
G 老师	男	48 岁	广东轻工职业技术学院	精细化工	电话访谈

（二）研究的设计与实施

基于研究目的，笔者在采访前编制了一个半结构化的访谈提纲，主要围绕教学名师在教学管理、科学研究、社会服务、人际交往、休闲娱乐这几个方面展开。访谈前，笔者向7位老师说明了课题研究的目的、意义，并得到被采访人的同意，对采访内容进行了录音。每位教学名师的访谈时间从60分钟到100分钟不等，总共采访录音时长为563分钟，最后，录音整理成了80560字文本资料。

三、分析与阐释

本文采用的是质性研究中的类属分析方法。"类属分析"指的是在资料中寻找反复出现的现象以及可以解释这些现象的重要概念的一个工作过程。在这个过程中，具有相同属性的资料被归入同一类别，并且用一定的概念命名。类属分析的优点在于它能将一部分文本从它们所处的情境中提取出来，通过比较的方法使它们之间的各种关系明显地凸现出来。这种处理资料的方式比较符合一般人对事情进行归类的习惯，可以对资料进行比较系统的组织，突出表现资料之间的异同，并能对资料所反映的有关主题进行强调。[3]

分析结果表明，7位高职院校教学名师在以下四方面展示出最优体验的表现。

（一）勤于乐于思考

访谈发现，受访的几位教学名师都喜爱思考和探究问题，他们认为，善于思考问题是一个人提升知识体系和解决问题能力的一个非常重要的技能。

1. 喜欢思考问题

我很喜欢想事，思考的问题比较多，我在教学上经常思考深与浅这三个字的关系，凡事我会往更深一层去想，把复杂的事留给自己，把简单易行的东西留给别人。(Z1老师)

我喜欢和擅长思考事情，但凡遇到困难和棘手的问题，我就会让自己独处下来，静静思考这个问题，在琢磨时，我会忘却周遭的一切，脑袋只有那件要解决的事，有时会躺在床上思考，一想，几个小时就会过去，那个思维的过程有时感觉很奇妙。(K老师)

2. 好奇心强

我好奇心比较强，喜欢去探究和解决问题，我在企业当顾问时，不是所有问题很快就能解决，面对不能当下解决的问题，我总喜欢去思考和琢磨这个难题，直到解决为止。(G老师)

当专业老师以后，老想怎么能够把专业搞得好，老琢磨这个琢磨那个，反正就是想解决各种问题，这个就是我天生的性格。好奇心驱动我去探究问题。(Z2老师)

（二）工作投入忘我

通过访谈得知，受访者非常热爱教师这份职业，在工作中葆有激情，乐在其中，不知疲倦，投入忘我的工作状态让他们很享受这份工作。

1. 工作不知疲倦，激情饱满

我在教学时的状态非常投入，学生上课听得很认真，我甚至没有时间离开课室，中午吃饭都是让学生打饭过来，有些学生吃完饭，中午不休息接着画，画完以后，我再给学生做点评和示范，一天下来，我感觉不到疲倦。（Z1老师）

我平时说话好像没劲，但一站上讲台，我的情绪就会非常饱满，面对课堂里一双双求知的眼睛，马上就会进入状态，学生的精力很快集中了起来。（Y老师）

我在学校实验室做实验挑灯夜战是常有的事，跟学生一起干的时候，做到一两点都有，也不感到累。（G老师）

2. 忘我且乐在其中，体验到心流

我在教室里的每一堂课都处在"心流"的状态，那时的我是忘我的，很享受这个课堂。学生也非常投入，下课铃声响了，他们也舍不得离开教室。（K老师）

我原来在企业搞项目，一天到晚在车间、生产线，如果搞不好，我就停不下来。我会一头扎在项目里，乐在其中。现在备课和写课题申报书也是如此。（Z2老师）

（三）独处群居皆乐

从访谈中发现，7位教学名师人际关系相处融洽和谐，受学生喜欢和爱戴，既喜欢群居，也喜爱独处，他们在独处时能享受那份静处带来的乐趣。

1. 与同事、学生相处融洽

我的亲和力很强，我年龄比学生大很多，但他们把我当兄长，他们喜欢和我聊天；我的性格比较好，很随和，和同事的关系就特别好。另外我这个人乐于助人，我们教研室，谁要是有困难需要帮忙，他们第一个想到的就是我。（Z2老师）

学生和我的关系很好，很多同学毕业多年，回校聚会时，不少人的名字我都能清晰的叫出来，学生特别惊讶。每次和他们相聚，我都觉得很幸福。（Q老师）

2. 喜欢群居，也享受独处的乐趣

在工作之余，跟同事一起去逛博物馆、书店、大学校园，一起品尝美食，这是让我感觉很享受和幸福的事。此外，我也很享受独处的时光，喜欢一个人静静地坐在一个安静、舒服的环境里，可以什么也不想，特别惬意。（K老师）

周末我喜欢独处或和家人在一起，独处时往往会阅读和思考。（L老师）

（四）享受闲暇时光

受访者认为，休闲爱好活动对于一个人的身心调节有很重要的意义，这几位教学名师都有自己的兴趣爱好，而且在爱好上保有专长，享受于自己的休闲爱好当中。

1. 爱好深入，保有专长

我喜欢下象棋，有一段时间下棋成瘾，曾在联众世界平台上和各地的象棋高手对招，经常下到凌晨半夜，有时我和对方都睡着了，每次电脑发出"叮咚"的提示音，我们各自睁开眼后又走一步棋。（Z老师）

我擅长游泳，在50岁的时候，参加学校游泳比赛，得过这个年龄段的冠军，我经常练习和看一些蛙泳的相关视频，水平逐年提升，很享受在游泳当中的酣畅和愉悦感。（Z2老师）

读书、旅行和摄影是我的业余喜好，《红楼梦》读过五遍，书中的很多诗词基本能倒背如流。我曾在假期自驾车11000公里到达珠峰大本营，那是近几年来最难忘和享受的一次旅行。（Y老师）

2. 休闲爱好有助于工作

我很钟爱打乒乓球和羽毛球，周二和周四都参加学校乒乓球协会的活动。我觉得运动与工作是相得益彰的，运动能让人的精力更加充沛、思维更加敏捷，运动的过程也很享受。（Q老师）

我周末和寒暑假主要看小说、旅游、看电影、陪孩子玩乐，我是一个很喜欢读书的人，在书里，我很容易进入忘我的境界，我教学中的很多灵感来自读书，大学时基本上把那个时代该读的书全部读完了。（L老师）

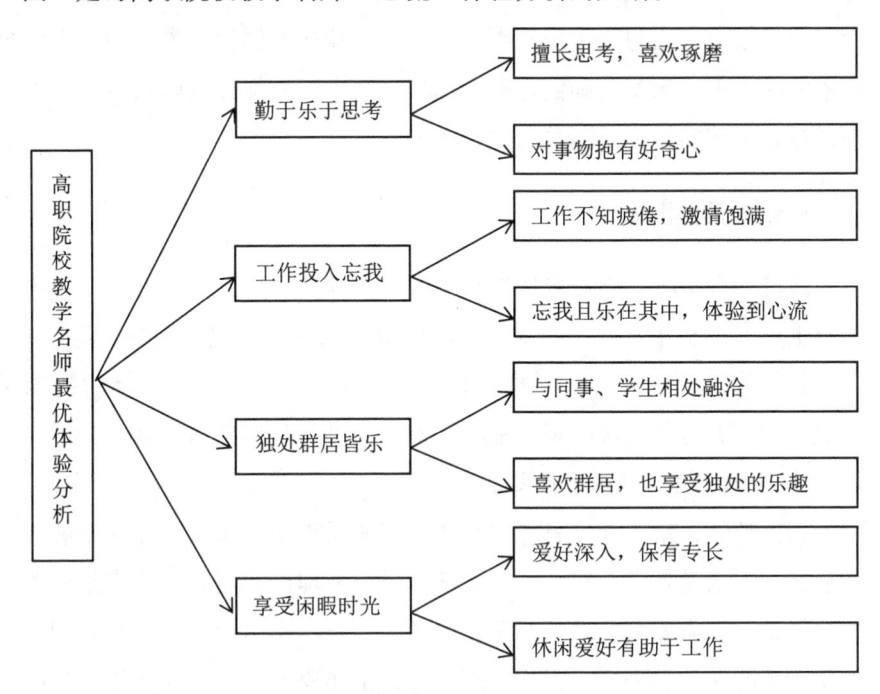

图 1 是对高职院校教学名师"心流"体验分析的归纳。

```
高职院校教学名师最优体验分析
├── 勤于乐于思考
│   ├── 擅长思考，喜欢琢磨
│   └── 对事物抱有好奇心
├── 工作投入忘我
│   ├── 工作不知疲倦，激情饱满
│   └── 忘我且乐在其中，体验到心流
├── 独处群居皆乐
│   ├── 与同事、学生相处融洽
│   └── 喜欢群居，也享受独处的乐趣
└── 享受闲暇时光
    ├── 爱好深入，保有专长
    └── 休闲爱好有助于工作
```

图 1　高职院校教学名师"心流"体验分析

四、研究结论与建议

（一）研究结论

1. 教学名师在工作生活中享有众多"心流"体验

从 8 万多字的访谈文本分析中得出，7 位教学名师在工作和生活中享有众多优质的"心流"体验。无论是课堂上的教学、课下的学术写作、还是独处时的思考，他们能享受到教师工作所带来的快乐愉悦体验。此外，各位教学名师在各自喜欢的业余爱好中也能经常进入到忘我和心迷神醉的"心流"状态。老师们掌控自我心灵和意识秩序的能力卓越，"福乐"相伴长久。

2. 教学名师平衡工作与生活的能力强

从访谈的 7 位教学名师中发现，他们平衡工作与生活的能力强，在工作中，

他们专注投入，经常能进入到深度工作状态，工作的效率明显优于其他老师。在生活中，他们很少会去想工作中的事，同样专注地投入到生活事务中，在各类健身和娱乐的休闲中，教学名师们也深爱和享受其中，大部分名师表示，这种平衡能力是通过多年的实践和不断总结完善得来。

（二）研究的建议

全国高校共有 167 万高校专任教师，如何提升广大高校教师群体的主观幸福体验，产生更多"福乐"体验，这是一项值得长期深入研究的课题。笔者在对 7 位国家级教学名师质性访谈研究的基础上提出提升教师"心流"体验的四条建议，希望能为广大青年教师主观幸福感的提升提供一些参考和借鉴。

1. 培养思考习惯，深入思维之乐

作为高校教师，培养深度思考的兴趣和习惯对于一生职业生涯的发展有特别重要的意义。无论是教学方法的革新、学术研究上理论的创新，抑或是服务社会过程中的创见，都需要高校教师有深度思考的专长。受访的多位教学名师之所以能有如此卓越的成就和表现，喜欢深度思考是重要原因之一。如何培养深度思考习惯，深入思维之乐，可以从三方面入手。首先，培养想象力。想象是创造力的源泉，想象包括了形象的、虚构的、假想的精神体验，想象可以让人跳出此时此地的限制，让自己进入他人的思维，用不同的视角审视现实。依靠想象带来的想法，可以更好地协助于当下的实践创作。[4] 其次，对事物抱有好奇心。好奇心有助于提升专注力和创造力，当对某一事物抱有强烈的好奇心时，往往容易进入专注忘我的"心流"状态，此时，时间会扭曲，意识的掌握感会加强。再次，培养不同类型的思维习惯。格局思维能开阔人在时间、空间以及人和物上的认知，让人更有眼光和决断力。系统思维可以让人在着眼于全局和本质以及在动态的基础上进行全面深入的逻辑思考，最后拿出更为科学合理的解决方案。换位思维能更好地和他人建立共同认知，克服自我中心，更好的协同与他人和团队的工作，提高沟通和工作效率。

2. 热爱教师职业，投入工作之乐

英国哲学家卡莱尔说："找到性情相契工作的人有福了，这是人生在世所能祈求的最大福佑。"如何热爱教师职业，投入工作之乐，以下三点可供参考：首先，培养"自成目标"的习惯。自成目标指的是做一件事不追求未来的报酬，做这件事本身就是最大的回馈。诸如，喜欢和学生聊天，喜欢学术写作，喜欢做教学设计，等等，这些乐趣就会代替无聊，无力感会转换成掌控感，人的精神能量不再浪费于外在目标上，工作本身的体验会自发地产生报酬；其次，不断提升自身教学技能。关于这一点，可以遵循 3F 原则，3F 即专注（focus）、反馈（feedback）、纠正（fix it）。[5]专注，就是目标清晰，关注当下，投入忘我，反馈是在教学中要经常审视和反省自己的表现，以找到差距和进步的空间，修正即不断完善。当得到回馈后，应该根据回馈去进一步完善不足之处，以此不断提升教学技能；再次，养成深度工作的习惯。深度工作是指在无干扰的状态下专注进行职业工作，使个人的认知能力达到极限，这种努力能够创新价值，提升技能，而且难以复制。[6]深度工作是相对于浮浅工作而言的，作为高职教师，上课之外还离不开备课和学术写作，这两项任务的工作质量直接和深度工作相关，人一旦进入深度工作的状态，就会专注于当下，心无旁骛，其创造力和认知水平都会得到很大程度的发挥。

3. 和谐自我他我，融入人际之乐

人的幸福指数，与在人际之中获得快乐的多少有较大的关系。人际主要包括两个方面，一是与自己相处，另外是与他人相处。这两者的人际相处质量都会不同程度地影响人的快乐和幸福体验。与自己相处，最主要的是要学会独处，能享受在独处时的那份乐趣，沉思、发呆、读书、写作、独自漫步、与自己对话、各类 DIY 实践，这些都是实现独乐的较好途径。对于教师而言，读书和写作是学会与自己相处的最好方式。人如果不会与自己相处，不能掌控自己的注意力，他的心智能量如果缺乏足够的管理和维护，它就会被无意义的耗散，人的精神状态会自动自发地趋于混乱、涣散、无序的状态，这样就会容易导致精神熵。[7]长期下去，人的快乐和幸福指数也会急剧下降。与他人相处的乐趣，主要包括父母兄弟姐妹之乐、亲子之乐、伴侣之乐、同宗之乐、友谊之乐、同事之乐等，笔者针对培养教师人际之乐中的同事之乐和师生之乐提出几点参考建议。其一，减少分别心,以善意和欣赏的眼光对待每一位同事和学生,如此交往,会收获学生更多的尊重和同事更多的友情。其二,增加爱心。热爱学生,把精神能量投注到关心学生成长、关注学生发展、关怀学生冷暖的各类事情上,与学生保持亦师亦友的人际关系,如此这样,教师可从师生之情中收获更多的幸福和快乐。其三,胸怀大我,把个人的目标与同事或学生的目标更好地协同起来,把精神能量投注到共同目标之上,去做一些意义更大、有共同愿景的事情。

4. 懂得娱乐怡情,醉入休闲之乐

工作只是人们生活的一部分,想拥有更丰盈充足的人生,休闲娱乐往往不可或缺,它可以给人们的生活带去美好珍贵的回忆以及生命的活力与意义。美国休闲研究专家布莱特比尔说,"未来不仅属于受过教育的人,更属于那些懂得善用闲暇的人。"[8]人的动机多种多样,包括生理、安全、尊重、认可、创造、新的体验、竞争等,当在工作中不能满足这些需要时,就会转移到休闲爱好去实现和满足它。"休闲是一种整合的力量。它可以将人的所有部分调动起来,使身心处于一种和谐有序的状态,娱乐的真实含义就在于'创造性地生活'。"[9]为此,工作之余的时间和精力安排会影响到一个人整体的生活品质和生命质量。高职教师如何娱乐怡情,醉入休闲之乐,以下几点建议可供参考:其一,培养读书的兴趣爱好,读书不但可以增智,还可以怡情,生活中,不但需要读"有用的书",还应读一些"无用的书",这些"无用之书"是滋养人生命、提升气质修养的有效途径。其二,培养一到两项可以持续一生的运动爱好。运动不仅可以改善体质,还能改善人的睡眠,提升工作效率和生命质量。在运动中去体验更高、更快、更强的体育精神,不断设定一个又一个有挑战性的目标,往往可以带人进入"心流"的最优体验状态。其三,培养和提升艺术鉴赏力。艺术鉴赏力是教师软实力的重要体现之一。无论是音乐、美术、舞蹈,抑或是书法、建筑、戏剧或电影,一旦深爱其中,就会为其注入精神能量,为之向往和神迷,在鉴赏美、发现美、传播美的过程中,自身的创造力也会在潜移默化中得到提升。

参考文献:

[1] 人民日报:让教师成为让人羡慕的职业[EB/OL].(2016-9-10) ht-

tp：//opinion. people. com. cn/n1/2016/1208/c1003 -28933292. html.

［2］什么是福流（flow），以及它对我们有什么意义？［EB/OL］.（2017 -10 -22）http：//www. 360doc. com/content/17/1022/07/35641324_697069034. shtml.

［3］陈向明. 资料的归类和分析［J］. 社会科学战线，1999（4）：223 -229.

［4］［英］肯. 罗宾逊. 让思维自由［M］. 杭州：浙江人民出版社. 2018.

［5］［美］安德斯·艾利克森. 刻意练习［M］. 北京：机械工业出版社. 2016.

［6］［美］卡尔·纽波特. 深度工作［M］. 南昌：江西人民出版社. 2017.

［7］［8］［美］米哈里·契克森米哈赖. 心流——最优体验心理学［M］. 北京：中信出版社，2017.

［9］经典导读——《休闲的挑战》［EB/OL］.（2011 -09 -28）http：//blog. sina. com. cn/s/blog_778001910100xvtz. html.

一位教学名师的精力管理：一项叙事研究

摘要：此文采用叙事研究的方法，记录和分析了一位国家万人计划教学名师的精力管理心路历程和心得体会，通过研究发现，这位老师在体能、情绪、思维、意志四方面的精力管理都有独特和优秀的呈现。研究得出两点启示：精力管理水平与人的成长成才息息相关，好习惯的培养有助于精力管理。最后，本研究提出了认知体质，增强体能；优化情绪，赋能自我；深度工作，持续创新；探索意义，坚毅前行四条建议，以供广大青年教师参考和借鉴。

关键词：精力管理；体能；情绪；思维；意志

一、问题的提出

《国家中长期教育改革和发展规划纲要（2010－2020年）》第五十一条指出："建设高素质教师队伍。……提高教师地位，维护教师权益，改善教师待遇，使教师成为受人尊重的职业。……努力造就一支师德高尚、业务精湛、结构合理、充满活力的高素质专业化教师队伍。"[1]随着时代变革速度的不断加快，新的教育理念、教育技术、教育方法迭代呈现，学校教育改革日益发生变化，当下做教师的挑战变得日益增大，工作和各方面的压力也随之提升。精力管理对于教师的成长发展变得日益重要。如何打造一支精力充沛、更具心力、活力和动力的教师队伍，是广大教师特别关心关注的一个问题。

"精力管理"一词是由美国心理学家吉姆·洛尔提出。他在《精力管理》一书中提道："精力，而非时间，是高效表现的基础，有技巧的精力管理是高度表现、健康和幸福的基础，精力管理需要调动四种独立且相关的精力源：体能，情感，思维和意志。"[2] 过去人们经常探讨和研究时间管理，时间管理指导大家重视"重要而不紧急"的事。如果人没有好的精力，经常感到体力不支，情绪亦不稳定，时常有负能量，做事缺乏专注力，很少能够深度思考和深度工作，人生的意义和方向不明晰。即使人们在做这些"重要而不紧急"的事，但做事效率很难得到提升，这样的时间管理其实是无效的。所以，时间管理的前提是要有好的精力管理。精力管理在当下社会越来越显得重要。

如何提升广大专业教师们的精力管理水平？本着这一出发点，本研究在叙事研究理论的框架下，结合美国心理学家吉姆·洛尔的精力管理相关理论，对一所国家级示范高职院校的一位国家万人计划教学名师的精力管理进行描述，呈现一份质的研究报告，总结和提炼这位名师在精力管理方面的体会感悟和经验，并以此概括出研究的启示和建议，以供广大青年教师学习和借鉴。

二、研究方法与过程

（一）研究方法

为了达到更好的研究目的，本文采用的是叙事研究方法，叙事研究是一种质的研究。质性研究者的目标是对人类行为和经验的理解，研究、表达和解释人类的主体感受（经验），寻求掌握人们建构意义的历程，并描述这些意义是什么。他们使用经验的观察，因为探究者从具体事件中产生对人类状况更清楚、更深层的思考。[3] 此文研究的主要目的在于通过叙事研究的方法来挖掘研究对象在精力管理方面的体会和经验，进而总结出较为系统的精力管理完善提升之道。

（二）研究对象

研究对象 K 老师，二级教授，国家万人计划教学名师。1990 年大学毕业后，在大型国有企业工作 10 年，2000 年到广州番禺职业技术学院任教，先后任工商企业管理专业带头人、管理学院院长。她主持的"工商模拟市场实训"和"职业规划与成功素质训练"分别获国家精品课程，她参与的"基于职业发展的高职素质教育体系构建与实践"项目获 2009 年国家教学成果二等奖，主持的"商科学生'实战型、体验式、网络化'技能与素质并进的课程创新与实践"项目和"基于现代学徒制的零售店长人才培养体系的构建与实践"项目分别获 2014 年和 2019 年国家教学成果二等奖；K 老师共发表论文 30 余篇，编著教材 8 部，专著 2 部，完成各类课题 10 余项，曾兼任香港公开大学，澳门公开大学客座教授，MBA 导师，先后任多家企业事业单位和企业的顾问，近年来，被邀请为 80 余所中高职院校和相关机构讲学，培训近 2 万余人。

做了 10 年二级学院院长的 K 老师，2019 年退居一线，做回一名普通的专业教师，仍然坚守讲台，从事一线教学服务工作。她一生热爱教学，善于思考，勇于探索和创新。K 老师对教育的热爱执着之心和如此丰硕的工作成果，都与她背后的精力管理有很大关联，她的精力管理心路历程和经验为本次研究提供了翔实的背景资料，这有助于我们从典型个案中探索分析教师如何做精力管理。

（三）研究过程

按照叙事研究的基本流程，[4]笔者前后实施了三个研究环节：（1）进入现场，收集原始分析文本。访谈之前，笔者对 K 老师的背景资料做了全面的搜集与整理，收集了她近 10 年来的开会发言记录和 PPT 培训课件以及她在博客上发表的若干篇博文，并认真阅读了她的《成为一名优秀高职教师》和《高职院校中层领导力和执行力》两本专著。之后，对 K 老师进行了一次长达两小时的深度访谈，访谈的过程自然舒适，能深切感受 K 老师为人的随和谦卑，对事的认真和严谨。在采访之前，她已针对笔者事前发给她的采访提纲做了认真的准备，把每个采访的问题做了概括性的提炼，并把打印稿带到了采访现场；（2）整理归纳原始文本。此次研究共整理出一万五千余字的采访录音文字，在认真仔细阅读原始文本的基础上，笔者将这些文字依照主题进行了归类与编码；（3）形成研究文本。根据笔者对采访文本及其他相关资料的反复阅读和归纳整理，重点提炼出各个主题和文本材料之间的情景联系和内在逻辑关系，从 K 老师对体能精力、情绪精力、思维精力、意志精力四个维度的全面叙事中进行文字编码，并对其中若干观点进行阐述和剖析。

三、分析与阐述

（一）体能精力——精力体系的基座

K老师整体给人的感觉祥和安宁，目光深邃而坚毅。表面上看，并不觉得她的体能有何过人之处，她也曾多次坦言自己的体能精力并不比他人强，她曾说过，知道自己天生的体能并不理想，那就要通过后天的调节保养和锻炼来提升体能，体能精力是做事的前提。以下是K老师在饮食、睡眠以及运动三方面的感悟和经验。

1. 吃得少

"吃，我没有特别的讲究。早上一般是面包和豆浆或牛奶，中午在家有时就是一个鸡蛋加一个苹果，晚上也吃得少。我胃不太好，少吃东西就会舒服，多吃就不舒服。"

每个人的食量因体质不同各有差异，但从整体的健康角度来看，在不饥饿的前提下，养生的普遍保健规律是吃得少比吃得多要好。吃得多，大量血液会被迫转移胃部，用来专门处理繁重的消化工作，大脑就会出现缺血缺氧现象。长期如此，不但影响人的思维，还会产生肥胖超重和一系列的心脑血管疾病。

2. 睡得多

"我大概在45岁以前是天天睡不醒，每天十个小时不够睡，我要睡够的话，每天必须要十个小时。我觉得这应该是基因的问题，因为我父母的睡眠就很多。我基因里不是体力好和精力旺盛的人，很羡慕别人那种与生俱来就体力好的人。"

睡眠时间长短不仅和人的体质有关系，还和睡眠质量高低有关联。一些人一天睡5到6小时即可，大部分人需要7到8小时。大约有50项研究表明，思维能力，即反应时间、专注力、记忆力、逻辑分析及辩证能力会随着睡眠不足而衰退。[5]睡眠充足与否，会全面影响到人的体能、情绪、思维精力，还有意志精力。K老师的思维能力好，或许也和她的睡眠充足有一定的关系。

3. 常锻炼

"因为精力不好，一定要通过后天运动来改变。运动对我后天的改变是比较大的。像有时要写一些重要材料，白天根本写不了东西，早上经常五点多起来，我能够做到这一点，真的是得益于平时的运动，它有效的弥补了我与生俱来的精力不好的基因。这么多年，我的运动从来没有中断过。这是自我管理的一个较长时间的坚持和平衡。

运动不仅可以增强一个人的体能，还可以改善一个人的大脑，让人思维更敏捷，记忆力更强盛，能让人更有效的学习和工作。[6]另外，运动亦能改善人的情绪，让人变得更积极正向。身体锻炼是情绪精力和思维精力的极佳源泉。K老师工作30年以来，未曾间断过运动健身。年过50岁，她还可以在50米长的标准游泳池里一次性畅游20个来回。

（二）情绪精力——赋能自我的良方

一个人精力状态的优劣和人的积极情绪和消极情绪多寡有很大关系。消极情绪多的人很难发挥出自身潜能，健康、免疫力会下降，经常会感到疲惫，精力大打折扣。积极情绪多的人，精力更加旺盛，身体复原力强，工作效率更高，也有助于人的潜能开发。通过对K老师的深度采访，发现她身上有乐观积极、宽容、欣赏他人这几点明显的正向情绪。这些情绪能对自己产生积极的自我赋能。

1. 乐观积极

"我应该算是一个理性的乐观主义者。我忧患意识特别强，是一个处处朝最坏处着想，朝最好处努力的人。我曾经希望自己不要凡事都朝最坏处着想。但随着我阅历的增长，我现在明白，正是因为我把最坏的事情都想到了，那还有什么不能接受的。我是一个积极做事、勇于承担责任的人，前提是我把最坏的问题都想到了。我觉得很多事情在我的能力、声誉、心理都可以承受的情况下，那我就会去做，有责任我来担就是。"

从访谈中，我们可以发现 K 老师是一位严谨而又理性的积极进取者，她不会盲目乐观，但会朝最好的目标方向去期待和努力，同时也做好最坏的打算。工作中的 K 老师无畏困难，勇于担当。她一手创建的其中一门国家级精品课程《工商模拟市场》，需要组织全院 1000 多名学生在校园内开设几百个临时摊位创业开店一周，涉及水、电、食品等多方面的安全隐患问题，K 老师敢于改革创新，勇于面对重重困难。至今为止，连续坚持做了 20 年，都安全平稳渡过。

2. 宽容善意

"我觉得特别是对同事、对下属、对他人的这种宽容善意是一个很积极的情绪。有人曾经伤害过我，等到对方需要帮助的时候我一样替他去说话，为他争取。我是一个很纯粹的人，这个事过去就过去了，我自己有一份良知，我自己有做人的原则，别人负我，我没有必要老记着它，这些东西我都会去放下。"

宽容心强的人身心往往更加健康，内心没有过多的愤怒、仇恨。对周边的人常怀包容和善意之心，内心世界会更和谐。K 老师的为人风格是往往对事不对人，即使偶尔有负面情绪也是暂时的，她不会把这些消极情绪集聚在心里很久。

3. 欣赏他人

"我做过 4D 色彩性格测试，绿色很重，是典型的绿色性格，这个性格的特点是能真诚的欣赏别人，我善于发现身边的同事和朋友身上的很多优点，并能真诚的欣赏他们。45 岁以前对我影响最大的是那些 50、60 后的前辈，当我 45 岁以后，其实对我影响和帮助最大的是 70 后和 80 后，他们身上有很多我要学的东西，而且是对我影响很大的东西。"

欣赏是一种正向的积极情绪。在工作和生活中，能经常享受和领略周围的人和事，人的情绪自然会更加愉悦。K 老师总能在不经意间发现身边同事和朋友身上闪光点和优点，并能由衷、真诚的赞美对方。有时看到对方美好的人性优点时，也会去反思自己身上为何没有这些优点，值得学习借鉴的地方她会去学习。

（三）思维精力——创新创造的源泉

思维力是一个人身上最重要的核心竞争力。K 老师精力管理的四个维度当中，思维精力的优异表现最为突出。主要体现在独处静思、总结复盘、在做中学这三方面。

1. 独处静思

"我每天必须要有独处的时间，一般是在晚上，等家人都睡了，我会躺着思考问题，躺下来时四肢是最放松的。当然做材料、做课程的时候，你就不可能一直躺着。但面对非常难、非常大的问题的时候，我还是需要躺下来深度思考，先把这个问题想清楚，真正开始做的时候，就会进入那种心流的状态，做的时候很快，效率很高，基本上是忘却时间、忘却环境，达到了忘我的状态。"

"知止而后能定，定而后能静，静而后能安，安而后能虑，虑而后能得。"[7] 独处静思是一种能力。K老师常年保持这个习惯，有时候为了想清楚一个问题，她会躺在床上想好几个小时，这对她深度思考能力的培养大有裨益。

2. 反思复盘

"我有反思复盘的习惯。比方说我今天演讲特别成功，我能够感受到别人的那种眼神，感受到学生给我的那种正面积极的反馈，第一，我先去享受这份喜悦；第二，就是思考和复盘。我会把这个事像过电影一样过一遍，之后就开始归纳。不要只是就事论事，要就事论理。把规律性的东西提炼到方法论的层面。很多东西都是触类旁通的，一旦找到了规律，下次碰到类似的事，一用就行了。

"一个教师写一辈子教案，不一定会成为名师；如果一个教师能写3年反思，就有可能成为名师。"[8] 这句话深刻揭示了反思对于教师成长的重要意义。"复盘"是围棋中的一个专业术语。近年，以柳传志为首的一些企业家为提高企业决策水平，将复盘引入到做事之中。[9] 在工作生活中，K老师也经常运用反思和复盘的方法协助自己思考问题，她会尽量把一件件事情琢磨透，这对提升她的工作效率和思维智慧水平都有很大帮助。

3. 在做中学

"很多人说我的思维能力、表达能力、顶层设计战略能力很好，我觉得我跟别人最大的一个差别还是我做得多。我是一个在做中学的人。比方说我做这么多的培训和演讲，包括我给老师们开会，我会把它当成是培训，我做了一辈子的项目和方案。我觉得有些人读万卷书,那必须要行万里路,这个行万里路不是说都是去旅游,行万里路,就是你要去做。"

"未有知而不行者。知而不行,只是未知。"[10]知道而做不到,还是未知。从"做中学"中产生的直接经验更有利于人的成长。不管是两门国家级精品课程的建设,还是三次国家教学成果奖的申报得奖,还是多年来中高职各类培训课程的开发与实施,都很好地体现了K老师是一位知行合一的践行者。

(四) 意志精力——人生长跑的马达

意志能力是一个人在精神层面拓展、恢复精力的能力。它为所有层面的行为提供动力,带来激情、恒心和投入。意志精力的更新恰巧来源于价值观和使命感的启发和重获。当你在践行价值观相一致的事情时,一方面你在消耗你的意志精力,同时从活动中获得的巨大满足感又会提高你的意志精力。K老师认为价值观、人生愿景和身心状况对她的意志精力有很大的影响。

1. 价值观

"对于我的意志力,最重要的就是我的价值观,我的价值观是进取。什么是价值观,它是你的一种自觉的行动,你甚至不用去想它。像到了我这个年龄,评上了国家名师,是二级教授了,我不会就没有进取心了,这个进取的价值是融入血液中的东西。这个进取心,跟我的家庭有关,也跟我的成长经历有关。你越进取,你会发现你越能够享受到成就感,它给你带来的喜悦和幸福,当你一次次的享受到以后,它会不断循环的激励到你。"

不同的价值观决定人不同的人生走向。从小到大,以及近30年的职业生涯成长之路,都体现了K老师持久性和稳定性的进取价值取向。努力上进,立志有所作为的人生追求让她一路不断成长,不断收获。

2. 人生愿景

"我的人生愿景是希望和我相遇的每个人都能够在我这得到正能量,得到正向的影响,得到支持和帮助。我觉得如果你遇到我了,是很真心地想跟我交流,我就希望我们每一次的交流,我的每一次课堂,对方都能得到正向的影响。我的骨子里就是这么想的。我为什么很愿意去上课，去做培训，我就是很享受他们能够受到我的影响。我想我人生的终极目标，就是让我持续地去做我现在这样的工作，这也是我意志力很重要的一部分。"

K老师这些年来为全国各中高职院的中层领导及专业教师做了上百场培训和报告，她并不觉得有什么辛苦，而是很享受这份与人分享、传道授业解惑的喜悦。每当有一些学员给她发去感激和收获的文字时，那一刻的她特别幸福。她把这种幸福逐渐的转变到了与人不断分享的心力中去，最后成了她的一种人生愿景，这份人生愿景是一份强大的意志精力。

3. 身心状态

"心态也会影响到意志力，因为你做了以后，有时候可能不会得到别人的认可，而是会得到别人的诽谤，什么样的声音都会有。那我要有这样的意志力，跟我的心态有关，这么多年，我的心态是有意识地在修炼的；当然还有一个与意志力相关的就是身体，当你身体不行了，你干点事就累得不行，你还能不断地干下去？这也不现实，身体健康，也是意志力很重要的一个方面。"

身心的健康状态直接影响到一个人做事的动力和能力。很多年前，K老师就已深刻认知到了这一点。多年来她一直保持运动健身的习惯，也很注意平常的饮食和睡眠养生。在葆有进取心的同时，她也不断地修炼自己的平常心，让心变得更加自在。良好的身心状态是K老师意志精力表现突出的重要因素之一。

四、研究启示与建议

（一）研究启示

1. 精力管理水平与人的成长成才息息相关

从2万多字的访谈文字中我们可以看出，K老师在平常的生活和工作中注重体能精力和思维精力的培养，她积极情绪丰富，情绪控制能力表现不凡，进取的人生价值观与喜欢与人分享人生意愿让她意志精力充盈。无论是在人才培

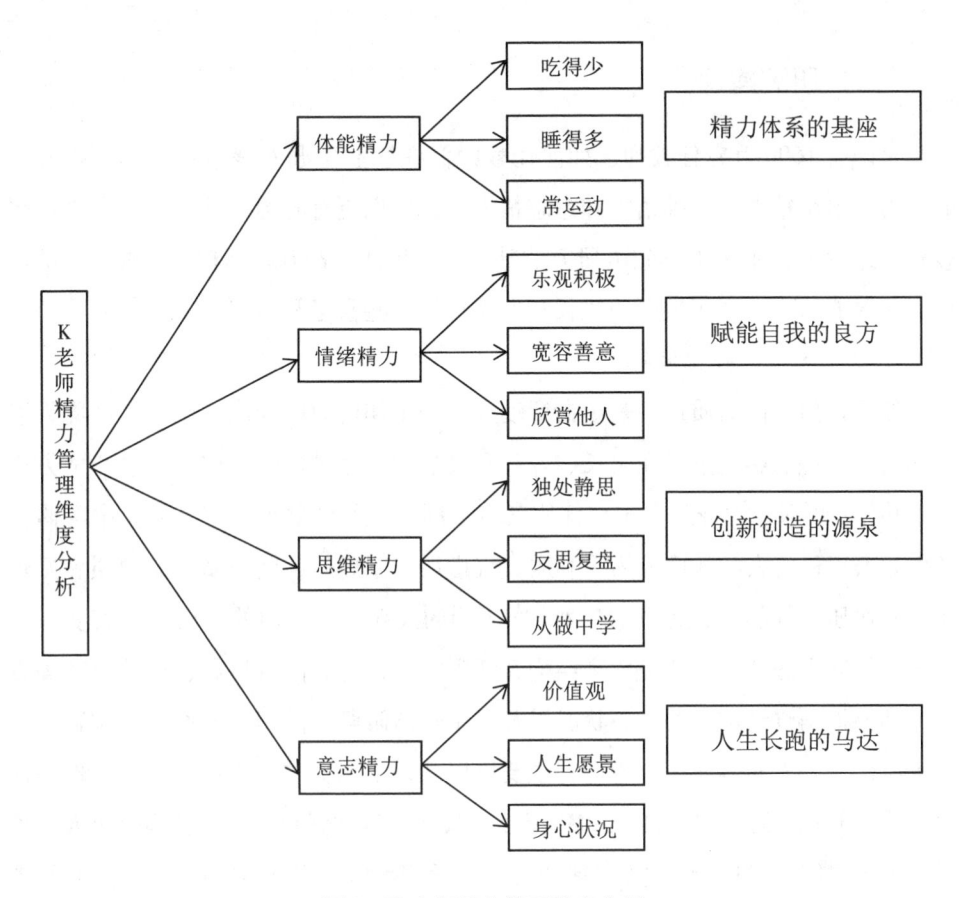

```
                              ┌── 吃得少
                   ┌─ 体能精力 ─┼── 睡得多    ── 精力体系的基座
                   │          └── 常运动
                   │
                   │          ┌── 乐观积极
K老师精力管理维度分析 ─┼─ 情绪精力 ─┼── 宽容善意    ── 赋能自我的良方
                   │          └── 欣赏他人
                   │
                   │          ┌── 独处静思
                   ├─ 思维精力 ─┼── 反思复盘    ── 创新创造的源泉
                   │          └── 从做中学
                   │
                   │          ┌── 价值观
                   └─ 意志精力 ─┼── 人生愿景    ── 人生长跑的马达
                              └── 身心状况
```

图1　K老师精力管理维度分析

养、科学研究和社会服务的职业生涯表现上，还是在自我身心的健康管理上，都有优秀的呈现。从她的个案研究中发现，精力管理水平与人的成长成才息息相关。

2. 好习惯的培养有助于一个人的精力管理。

从访谈K老师的过程中我们可以发现，她身上有许多生活和做事的好习惯，诸如健身的习惯、独处的习惯、静思的习惯、复盘的习惯，还有在"在做中学"的习惯。这些好习惯为K老师精力管理体系的提升和完善起到了很大的作用。好习惯成就一生，此话深有道理。好的人生，就是由一个个好的习惯累积起来的结果。好习惯的培养有助于一个人的精力管理。

（二）研究建议

全国有 1600 万专任教师，如何让教师们在职业生涯发展过程中不断提升体能精力、情绪精力、思维精力和意志精力，让他们更有心力、活力、动力去从事教育工作，笔者在 K 老师叙事研究的基础上提出四点提升教师精力管理水平的建议。希冀能为广大青年教师的成长和发展提供一些参考和借鉴。

1. 认知体质，强化体能

体质是指人体的质量，是生命活动和劳动工作能力的物质基础，是在先天遗传和后天环境的影响下，在生长、发育和衰老的过程中逐渐形成的身、心两方面相对稳定的特质。[11]龙生九子，体质各有不同，人的体质也各有差异。中医体质学创始人王琦将人的体质分为平和质、气虚质、阳虚质、阴虚质、痰湿质、湿热质、瘀血质、气郁质、特禀质 9 种。[12]不同的人在不同体质的背后意味着要采取差异化的养生法则，无论是饮食结构、睡眠时间，还是体重指数、运动消耗等方面，都要根据自己实际的身心状况以及各个年龄阶段去做相应的安排和调整。总体来说，一个人的体能精力管理，主要可以从以下四个方向进行完善：合理的饮食结构、充足的睡眠、标准的 BMI 指数、长期的运动健身。作为教师，个人的可任意支配时间相对比较充裕，在饮食、睡眠和运动上可以相对多投入一点时间去做科学的规划，以此让饮食品质更优，睡眠质量更好，运动效能更佳。

2. 优化情绪，赋能自我

目前与情绪有关的疾病已达 200 多种，在所有患病人群中，70% 以上都和情绪有关。[13]焦虑、紧张、愤怒、沮丧、悲伤、怀疑、抱怨、自责、悔恨、担忧、失望、嫉妒等消极情绪会大量损耗一个人的精力，让人身心疲惫，无心力高效工作，也无法高品质的去享受生活。相反，乐观、喜悦、欣赏、幽默、宁静、放松、自信、宽容、感恩、热情、信任、希望，这些积极情绪可以让人不断赋能自我，在做事的过程中精力更加充沛，思维更加活跃，效率更加高效。作为知识分子的教师，应力戒抱怨、嫉妒、焦虑这几样消极情绪，抱怨是没有担当和责任心的表现，嫉妒体现出心胸狭隘，焦虑意味着内心不够强大和从容。应努力培养乐观、感恩、宽容这几样积极情绪。乐观的人在遇到同样的困境时，会认为现在的失败是暂时的，他们不会被失败击倒，在面对恶劣环境时，会把它看成是一种挑战，更努力地去克服它。[14]心理学研究表明，懂得和善于感恩的人更有亲和力，睡眠质量相对更好，处理逆境的能力更强，更容易和社会产生积极的关系，且更容易获得幸福感；宽容是一种强大的积极情绪，它容易让人构建积极的人际关系。人既要学会宽容他人，也要学会宽容自我，喜悦的接纳自己。宽容心强的人能有效缓解自责、后悔、内疚、愤怒、焦虑和恐惧等负面情绪。

3. 深度工作，持续创新

在信息化浪潮席卷的今天，加上移动互联网的迅速发展，人们在日常工作生活中的时间变得越来越碎片化，用于深度思考和工作的时间变得愈加稀缺。教师如何提升深度工作的频率，笔者提出以下几点建议。其一，学会有目的的冥想。这种冥想方式可以在静坐时发生，也可以在散步、跑步、沐浴甚至其他身体劳作时发生。冥想时，将注意力聚焦到一个目标明确的问题上，如课程的教学设计、论文的撰写、演讲稿的构思、重要的一次谈判和沟通。在冥想时，有时可能会分心，这时你需要把注意力重新拉回到当前的问题上。这种方式需要多次的实践，并不断总结经验。其二，培养复盘的习惯。一件你认为重要的事情做完后，围绕"目标、结果、分析、总结"这四个关键词进行复盘：我当初的目的是什么？我期望的结果是什么？现在评估一下结果，和当初的目标进行对比，有差距吗？是超过了预期还是没有达到？如果做得成功，成功的原因是什么，如果做得差或失败了，它的原因又何在？最后，总结出成功和失败的原因，再制定出下一次的行动计划。[15]其三，安排深度工作时间。每周计划性地提前安排出可以用于深度工作的时间段，到了这个时间段，给自己安排和设置出一个不被打扰的环境，关闭社交软件，有仪式感地开始专注投入工作，在心无旁骛的情况下，人容易进入"心流"的工作状态。

4. 探寻意义，坚毅前行

意志精力是一股掌管所有精力维度的独特力量。它是动机最丰富的源泉。一个人一旦探寻到做某事背后的意义，或人生的终极意义，他的内心就会在无形中增加一股强大的意志精力。在前行的路上，即使面对艰难险阻，重重困境，也会迎难而上，坚毅向前。人在童年岁月里的一些深刻记忆，生命中历经的一些重大事件，在人生的某个时间节点立下的志向，使命、愿景、情怀的驱动，亲情、友情、爱情力量的召唤，他人的激励与鼓舞。以上这几条在某种程度上都可以在无形中增强一个人的意志精力。如何更好地去探寻人生的意义？可以为自己做一次生涯幻游，假设今天是你98岁的生日，你要在宴席上做一次描述自己一生的演讲，让现场的每一位亲朋好友都能够了解到你是一个什么样的人？你的这一生是如何走过的？当演讲完后，你会更清楚地知晓人生的意义何在，内心对未来努力的方向会变得更加清晰，意志精力也会随之增强。

参考文献：

［1］国家中长期教育改革和发展规划纲要（2010－2020年）［EB/OL］.（2010－07－29）http：//old.moe.gov.cn/publicfiles/business/htmlfiles/moe/info_list/201407/xxgk_171904.html?authkey＝gwbux.

［2］［5］（美）吉姆洛尔.精力管理［M］.北京：中国青年出版社，2017.

［3］丁钢.教育叙事的理论探究［J］.高等教育研究，2008（1）：32－37＋64.

［4］Connelly, F. M. Clandinin, D. J. Stories of Ex-pericnce and Narrative inquiry［J］. Education Research，1990，(5).

［6］（美）瑞迪.运动改造大脑［M］.杭州：浙江人民出版社，2013.

［7］李君兰.大学.中庸［M］.北京：作家出版社，2015.

［8］王国云，王亚聪.建设共同体：乡村小学教师专业成长的有效路径［J］.江苏教育，2019（38）：58－60.

［9］［15］陈中.复盘：对过去的事情做思维演练［M］.北京：机械工业出版社，2013.

［10］王阳明.王阳明传习录［M］.南京：江苏文艺工业出版社，2013.

［11］何仲恺.体质概念及其与健康的关系［J］.体育科学，2002，22（2）：8－37.

[12] 王琦.9种基本中医体质类型的分类及其诊断表述依据［J］.北京中医药大学学报,2005(4):1-8.

[13] 70%的疾病与情绪有关［EB/OL］.(2016-01-31)https://www.sohu.com/a/57480695_377332.

[14] (美)马丁.赛利格曼.活出最乐观的自己［M］.北京:万卷出版公司,2017.

习惯的力量

——基于一位国家万人计划教学名师习惯的质性访谈研究

摘要：本研究选取一所"双高计划"高职院校的一位万人计划教学名师作为研究对象，对其进行深度质性访谈研究，记录和分析了 K 老师在工作、学习、生活三方面的习惯经验和表现。研究得出两点启示：良好的习惯助力人一生的成长和发展；好习惯早培养早受益。最后，本研究提出了日事日毕、专注投入、承担责任、多方学习、注重方法、持续成长、培养自律、热爱运动、掌控情绪九条改善教师工作、学习、生活习惯的可行性建议，以供广大青年教师参考和借鉴。

关键词：习惯；工作习惯；学习习惯；生活习惯

一、问题的提出

教育学家叶圣陶说，什么是教育？简单一句话，就是养成良好的习惯。学生在学校里受教育，目的在养成习惯、增强能力。学生离开了学校，仍然要从多方面受教育，并且要自我教育，其目的还是在养成习惯、增强能力。习惯越自然越好，能力越增强越好。凡是好的态度和好的方法，都要使它化为习惯。[1]英国哲学家、作家培根在《论习惯》一文中曾讲，人们无时无刻不在习惯的作用下行动，可以说，习惯支配着我们每天的大多数活动。心理学专家指出，习惯形成性格，性格决定命运，换言之有什么样的习惯，必然会有什么样的性格，有什么样的性格就会有什么样的命运。[2]从以上论述中可以看出，习惯对于人一生的影响何其深刻和巨大。习惯学的创始人周士渊在他的专著《习惯学》中指出，广义的习惯是指人们后天生活中所逐渐养成的各种模式化、自动化的动作、行为、态度、方法、生活方式、道德品质、精神状态、社会风气等。[3]从中可见，广义习惯几乎涵盖了人在日常中所表现出来的方方面面。

作为人民教师，其身上的态度行为、生活方式、道德品质等，对他人特别是对学生会产生深刻的影响。研究优秀卓越教师的习惯是一项非常有意义的课题。本着这一出发点，本研究在质性研究理论的框架下，结合习惯学的相关理论，对一所"双高计划"高职院校的一位国家万人计划教学名师的工作、学习、生活习惯进行研究和描述，总结和提炼这位名师在各个习惯方面的体会感悟和经验，并以此概括出研究的启示和建议，以供广大青年教师学习和借鉴。

二、研究方法

（一）研究对象

研究对象K老师，高级经济师，二级教授，国家万人计划教学名师。1990年大学毕业后，在大型国有企业工作十年，2000年到广州番禺职业技术学院任教，曾担任过工商企业管理专业带头人，管理学院院长。她主持的"工商模拟市场实训"和"职业规划与成功素质训练"两门课程分别获2008年度2010年度国家精品课程。主持的"商科学生'实战型、体验式、网络化'技能与素质并进的课程创新与实践"获2014年国家教学成果二等奖；主持的"基于现代学徒制的零售店长人才培养体系的构建与实践"获2018年广东省教学成果特奖，2019年国家教学成果二等奖。K老师先后发表论文30余篇，编著教材8部，专著2部，完成各级各类课题10余项，曾兼任香港公开大学，澳门公开大学客座教授，MBA导师，多年来为中高职职业教育开设课程建设、专业建设、示范建设、中层领导力等公开课程，并邀请为80余所中高职院校和相关机构讲学，培训近2万余人。

（二）研究的设计与实施

基于研究目的，笔者在采访前编制了一个半结构化的访谈提纲，访谈提纲主要围绕 K 老师在工作、学习、生活这三方面的习惯经验展开设计。访谈前，笔者向 K 老师说明了这次研究的意旨，并得到 K 老师的批准，对采访过程进行了全程录音。此次采访过程特别顺畅，K 老师在采访前对采访提纲做了一定的准备，她思维特别清晰，回答语速不紧不慢，普通话标准，整个采访时长为 116 分钟，最后，把录音文件整理成了 24260 字文本资料。在此基础上，笔者还对 K 老师近十年来撰写的个人著作、院内会议发言稿、博客文章及相关材料进行了搜集和整理，以更加丰富和充实研究的文本信息。

三、分析与阐释

本文采用的是质性研究中的类属分析方法。"类属分析"指的是在资料中寻找反复出现的现象以及可以解释这些现象的重要概念的一个工作过程。在这个过程中，具有相同属性的资料被归入同一类别，并且用一定的概念予以命名。类属分析的优点在于它能将一部分文本从它们所处的情境中提取出来，通过比较的方法使它们之间的各种关系明显地凸现出来。这种处理资料的方式比较符合一般人对事情进行归类的习惯，可以对资料进行比较系统的组织，突出表现资料之间的异同，并能对资料所反映的有关主题进行强调。[4]

分析结果表明，K 老师在工作、学习和生活这三方面表现优异。

（一）良好的工作习惯——事业发展的砝码

良好的工作习惯是 K 老师在职业生涯之路上获得长足稳步发展的重要原因。从文本中发现，K 老师诸多好习惯从青少年阶段就已基本养成，提前做事，规划性好，执行力强、认真严格、责任担当，这五点是她多年来一直践行的工作习惯。

1. 提前做事

"我父母身上'凡事留有余地'的做事习惯对我产生了较大的影响。例如，哪一个时间点要完成一个什么样的任务，他们一定不会说到那个节点才去完成，往往会提前去做。爸妈是中学老师，在小学阶段，他们每个假期都让我把下个学期的课程都学完。这样，到下个学期你就会领先别人，我整个小学都是这样度过的。如此做会让你有一种优越感，每当老师讲到某个问题时，其实你都是会的，这是一方面。另外一个，给我的影响是我做什么事都可能会先人一步。"

K 老师提前做事的习惯得益于从小父母对她的影响，凡事早做准备、先人一步的益处在于有更多的时间做更充分的准备，人也会更从容和有底气，不会在任务临近之际匆忙行事而影响整体的做事品质。

2. 规划性好

"2000 年来学校的时候，自己的目标非常明确，就是想做一个老师，然后想做一个优秀的老师。我想做教授的最初想法也是非常明确的，当时想这条路我该怎么走，就给自己大概订了一个目标，我希望五年能够解决教学问题。确实到 2005 年我就成为学校的首届教学名师。教学达到了一定的水平后，应该可以朝着科研去努力了，后来我就跟自己又定了五年的目标，说用五年的时间来解决科研的问题。因为前面五年有教改的引领，加上自己在企业管理研究方面的钻研努力，最后在不到五年的时间内评上了教授。"

计划和规划性好的人更有目标感，有了清晰明确的目标，行动起来就会更专注和投入，人的精神力量在一段时间往一个方向投放，目标达成的效率就会更高。正如 K 老师所说，"关注所向，力量所在"。

3. 执行力强

"我自认为是一个执行力非常强的人，这个执行力来自什么？第一个是来自于自己的一种意识。可能我是从企业来，企业的规定，不管你认同不认同，一旦它成为一种指令，就要无条件地执行。这是组织的原则。第二个是怎么能够执行到位。我觉得方法和思维很重要。你一定要知道目标在哪里，要达到一种什么样结果，才能够满足领导或组织的要求。目标清晰了，接下来就是方法和思维的处理了。"

10 年大型国企的工作历练让 K 老师养成了使命必达的高执行力。在完成任务的意愿、能力和程度上，她都高标准要求自己。这份优秀的执行力从企业管理工作迁移到教育工作上来，让她在课程建设、科学研究和社会服务等方面都同样有优秀的呈现。尤其是在课程开发方面，近20年执教生涯，她共建设开发出六门课程。《职业规划与成功素质训练》《工商模拟市场实训》《心智与行为模式提升》这三门课面向学生群体，《成为一名优秀的高职教师》《中层领导力和执行力》《课程思政模式与策略》这三门培训课程面向中高职教师人群。

4. 认真严格

"我算是一个做事认真、对自己要求很严格的人，我不容许自己交出去的东西有过多瑕疵，哪怕是学校级别教学成果奖的申报材料，不是三遍四遍的修改，而往往要做到第八稿、第九稿的程度。此外，我要求别人做到的自己一定要做到，但自己做到的绝不要求别人也做到。"

K老师参与过三次国家教学成果奖的申报评选，均获全国二等奖，这份荣誉的取得与她认真严格的工作习惯分不开。在平常的工作中，无论大事小事，她都保持这份认真做事的品质和习惯，经手过的事很少有纰漏。

5. 责任担当

"有人按兴趣做事，有人按责任做事。有些学习偏科的人往往是自己喜欢的课、喜欢的老师，他就把它学好，他不喜欢的课、不喜欢的老师，他会不好好学。我可能是受我父母言传身教的影响，责任意识非常强，我没有偏科现象，所以在工作上我也觉得责任是非常重要的。不管这项工作你愿意干也好，不愿意干也好，喜欢也好，不喜欢也罢，一旦落实到我身上，我就要把它做好。"

高度的责任心造就一个人高度的做事品质。K老师是一位理性思维特别强的人，面对各色各样喜欢或不喜欢的工作，只要是落实到她头上，心中就会葆有一份责任的良知，她就会尽心尽力去把它做好，这份责任担当同时也练就了她的领导力。

（二）良好的学习习惯——成长成才的阶梯

学习能力在某种程度上代表着一个人的竞争力。K老师身上学以致用的能力尤为明显。从访谈中发现，她在自主学习、学方法论、终身成长三个方面表现特别显著。

1. 自主学习

"父母从小就培养了我独立自主学习的能力。他们只是在很难的时候指导你一下,其他的都靠自学。我小学时就做班长,我们有一位数学老师,他住在比较远的地方,年龄大,身体又不太好,经常会在上课的时候误点。每次上课铃响了以后,老师可能十分钟甚至半个小时都还没有到,这时基本上都是我去执掌讲台的。所以那时候一方面可能是给了我成就感,也锻炼了我自主学习的意识和能力,也让我从那个时候起觉得做老师是一件非常好的事情。"

从小 K 老师培养出的自主学习习惯让她受益良多。经过长年的积累,无论在工作中还是在生活上,她在自主学习的过程中历练了深度思考的能力,这让她的思维能力和决策水平得到了很好的提升。

2. 学方法论

"我一直注重方法和方法论的学习,学好了它,做起事来可以达到事半功倍的效果,像马克思辩证唯物主义的方法论就帮助指导我解决过工作和生活中的很多问题。善于学习各种有用的方法论,同时也要学会把自己的经验归纳总结出一套套方法论出来,这个很重要。"

掌握了好的方法或方法论,可以更有智慧的处理工作和生活中的各类问题,在看似纷繁复杂的事务中能洞察出本质和规律性的东西,用一套或几套方法把很多事情协同起来,可以让工作变得更高效。

3. 终身成长

"学习是一件很快乐的事,我认为一个人的成长比成功更重要,在不断的成长中,你可能遇见更好的自己。不管是从书本中学,还是大量的从做中学,抑或是从读人、读事、读时、读势中学,我都可以从中学习和收获到很多东西。学是一个过程,学完以后思考这个过程也很重要。不管到哪个年龄,我都在学习和成长的路上。"

K 老师是典型的成长型思维人格。她相信,即使人们在先天的才能和资质、兴趣或者性情方面有着各种各样的不同,每个人都可以通过努力和个人经历来改变和成长。[5]自她从管理学院院长一职退下以后,她利用空余及节假日时间,在近一年内先后主动报名参加了 4D 领导力、TTT 讲师培训、教练技术等课程的学习,她一直行走在成长的路上。

(三)良好的生活习惯——身心健康的保障

良好的生活习惯是 K 老师获得身心健康和愉悦成长的重要因素,从访谈的文本中发现 K 老师在自律、运动和情绪这三方面的生活习惯表现尤为明显。

1. 自律性强

"我父母是中学老师,家教就很严,无论是做事做人,规则性都很强,标准要求很高,强调自律,我父母对我的要求也是这样,在这样的家庭背景和氛围中长大,养成了我自律的习惯,如饮食不要过饱,和人约会要守时,与人交往多替对方考虑,凡事不要拖延,等等。"

K 老师从小的家教对她自律习惯的养成起到了重要的作用。自律一旦变成一种习惯,就意味着在通往自由的路上会让人变得更轻松和自在。人有多自律,身心就会有多自由。

2. 经常运动

"读大学时,我是学校冬泳队、篮球队和足球队的成员,从那时起就培养了运动的习惯。运动对于改善人的精力很有帮助,它能弥补我体能精力不足的基因。工作三十年来,我先后多年坚持过健走、跑步、打羽毛球、游泳、瑜伽等运动。"

体能是做一切事情的基础,是适应万事万物的能力。[6]人的体能就像一块可以充电的电池,科学而有规律的运动就是在不断给"耗电"的体能充电。K 老师能在多次工作突击加班的情况下顶住身体压力保持较好体能,这和她常年保持运动健身的习惯分不开。

3. 情绪稳定

"我很少主动发脾气,情绪比较稳定。当有负面情绪时,我一定要说服我自己。我是一个思想很成熟的人,从小就是这样。别人可能会向我倾诉,但我很难去向别人倾诉。所以当我情绪不好的时候，有什么看不开的时候，我一定要通过思考把它解决了，我不会背负着它。我也看书，一些哲学、心智层面的书对我的影响比较大。"

情绪控制能力是情商的重要表现之一。情商主要通过后天的培养和历练习得，情绪稳定意味着不会被过多的负面情绪消耗精力而影响到工作和生活。K老师从小培养的独立思考习惯让她比其他人更理性地面对各种困境和挑战。

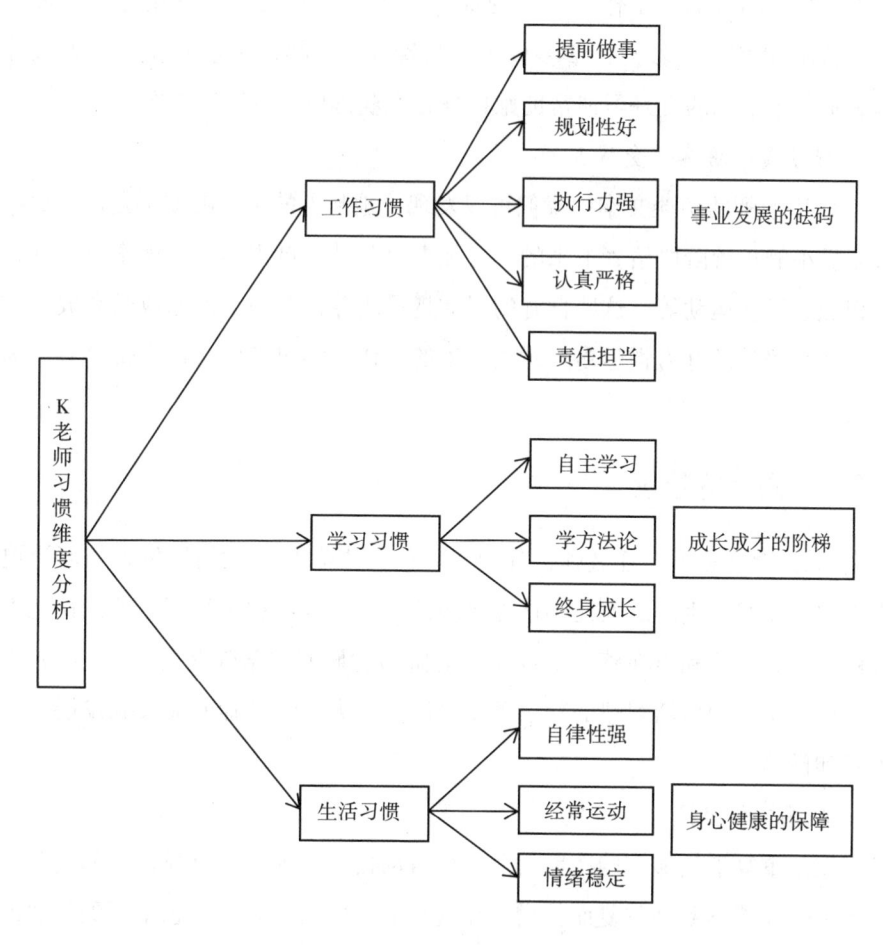

```
                          ┌─ 提前做事 ─┐
                          ├─ 规划性好 ─┤
               ┌─ 工作习惯 ─┼─ 执行力强 ─┼─ 事业发展的砝码
               │          ├─ 认真严格 ─┤
               │          └─ 责任担当 ─┘
               │
K老师习惯       │          ┌─ 自主学习 ─┐
维度分析 ───────┼─ 学习习惯 ─┼─ 学方法论 ─┼─ 成长成才的阶梯
               │          └─ 终身成长 ─┘
               │
               │          ┌─ 自律性强 ─┐
               └─ 生活习惯 ─┼─ 经常运动 ─┼─ 身心健康的保障
                          └─ 情绪稳定 ─┘
```

图1　K老师习惯维度分析

四、研究启示与建议

（一）研究启示

1. 良好的习惯助力人一生的成长和发展

从 2 万多字的访谈文本分析中得出，K 老师身上的良好习惯对她的成长和发展带来了很大的帮助。工作学习上的优良习惯助力她在工作事业上稳步长足发展。K 老师 40 岁评上教授，41 岁评上广东省教学名师，50 岁评上国家万人计划教学名师。生活上的良好习惯帮助她在身心上获得更多健康和自在。

2. 好习惯早培养早受益

从对 K 老师的访谈文本中我们可以发现，她身上的很多习惯都是从青少年阶段甚至更小的年龄阶段培养下来的。像凡事提前做、自主学习、做事有规划、自律意识强、喜欢运动等。这些良好的习惯越早培养，对一个人的成长和成才越有助益。从小培养的好习惯越多，对人一生的工作、学习和生活都会带来方方面面的正面影响。

（二）研究的建议

全国有 1600 多万专任教师，其中青年教师占有相当大的比例，如何让更多的青年教师在职业生涯的前几年培养更多的工作、学习和生活好习惯，让他们更有成就感、获得感和自在感。笔者在 K 老师质性研究的基础上提出三点改善青年教师工作、学习和生活习惯的建议。希冀能为广大青年教师的成长和发展提供一些参考和借鉴。

1. 改善工作习惯

习惯是重复了足够多的次数后而变得自动化的行为，是自我提高的复利。习惯的效果会随着不断地重复而倍增。在短短的一两天时间内，感觉不到任何的不同；但是在数月和数年后，我们会发现它产生了巨大的影响。[7]在改善工作习惯上，笔者提出三点建议：其一，日事日毕。要做到当日之事当日完成，首先，时间观念要强。时间利用好了就是黄金，没有利用好就是流水。对于紧急且重要的事，应及时快速办理好，对于重要不紧急之事，要提前且累积性的用功在此；其次，办事要有信心和绝心，相信自己能把事情处理完，偶尔对于重要任务需要加班的，应下决心加班把它完成，完成好过完美；再次，在培养日事日毕的过程中学会给自己一些奖赏以作为激励和鼓舞。不论是精神上或物质上的奖赏，在一定程度上可以强化日事日毕的能力，进而产生良性循环，不断增强自我效能感。

其二，专注投入。教师以脑力劳动为主，其专注投入度直接影响到备课、上课、阅读、写作的质量和效率，一旦在这些工作上变得投入和专注，教师就容易进入心流体验状态，每周下来，心流状态的时间也会越长，反映的整体体验品质就越高。时常感受心流的人容易感觉坚强、专注、有创造力、活跃。[8]而且研究人员发现，人在工作中进入心流状态频率要比在休闲时高。作为教师，在工作中如果很少能专注和投入，工作一久，就会感觉到乏味、单调和没有意义，长期下去，就会产生职业倦怠，这种状态对自己和学生皆不利；其三，培养责任心。

教师责任心的培养落实在具体工作中最重要的一条，就是上好每一次课，这是教师的天职，学生的青春和时间最宝贵，教师在课堂上浪费学生45分钟，就是浪费了几十个生命45分钟，教师应把它作为一份良心工作来认真对待。

2. 改善学习习惯

作为教师，学习能力尤为重要，培养和改善学习习惯是值得一生去践行的功课。以下三条路径可以让教师更好地改善学习习惯：其一，多方学习。阅读，参加培训，向他人学，这三点可以很好地助力教师的成长。当下的阅读不仅仅局限于用眼睛看的纸质图书和电子书，随着知识付费时代的来临，不少用耳阅读的音频APP诸如得到、喜马拉雅、樊登读书、知乎大学等，同样可以为各级各类教师提升专业和人文素养；近些年来，教师参加培训也不局限于线下的面对面培训，一些优质的线上培训课程不仅可以解决老师们的舟车劳顿之苦，还在一定程度上可以节约培训学习的费用；向他人学习，除了榜样人物、身边优秀的同事，还有一个重要的群体值得学习，就是在校的学生和毕业生，在一定程度上，他们在思维活跃度、事物的接受能力、学习热情上都不亚于教师，教师要善于学会从学生身上学习。其二，注重方法。好的方法可以让人行动起来达到事半功倍的效果。教师在日常的工作生活中，阅读方法、教学方法、写作方法是成长过程中需要不断完善提升的三类常用方法。阅读方法决定输入效率，教学方法和写作方法决定输出效率。另外，普遍意义上的做事方法也很重要，在行事过程中善于总结复盘，有利于很好的提升做事效率。其三，持续学习。当下和未来的社会，学力比学历更重要，作为老师，应紧跟时代发展的步伐，保持持续不断学习的习惯，无论是专业知识和技能的更新学习，还是各类教学方法和工具的更新运用，抑或是教育理念的迭代认知，这些都需要教师时刻保持空杯的心态，善于和勤于去学习，不断的成长自己。

3. 改善生活习惯

生活习惯对一个人身心的影响至关重要。好的生活习惯滋养人的身心，坏的生活习惯摧残人的身心。很多生活习惯通过长年累月的积累，人与人的身心状态差别就会变得巨大。在改善生活习惯方面，如下三条建议可供参考：其一，培养自律。自律的背后折射出一个人的认知能力和心智水平，睡眠和饮食上的自律对一个人身心影响特别大，熬夜和暴饮暴食都会伤身，这是很多人都懂的道理，但能切实做到的人并不多，自律的人知道且能做到，不自律的人知道但做不到。认知能力强和心智水平高的人更懂得生活、养生、保健的艺术，他们在高度认知情况下能高度执行它。其二，热爱运动。从某种意义上讲，工作是耗电，运动是充电。作为以脑力劳动为主的教师，每天的工作内容主要与备课、上课和学术研究相关，如果没有一定的运动锻炼和体力上的消耗，长此以往，大脑和身体势必会产生不同程度的疲惫感。有规律的安排运动健身可以很好地恢复体能、增强抵抗力。据研究表明，长期葆有运动习惯的人，能增加人体大脑内的脑源性神经营养因子，可有助于在以下几方面提高学习能力：第一，改善你的思维模式以提高警觉力、专注力；第二，让神经细胞准备就绪，并促使它们相互连接起来；第三，激发海马体的干细胞分化成新的神经细胞，促进大脑生长。[9]总体来讲，人在锻炼身体的同时，也在锻炼大脑，这对教师而言，是一项很好的福利。其三，掌控情绪。情绪对人身心的影响大。生气、焦虑、嫉妒、怨恨等消极情绪会大量的耗竭一个人的精力和体能，而乐观、感恩、宽容、宁静、敬佩等积极情绪会让人精力更加充沛。如何更好掌控情绪，以此减少消极情绪和培养积极情绪。学会写感恩日记是一条掌控情绪的良方。每天拿出 10 分钟到半小时的时间，在日记本或电脑里写下你一天当中最值得感激的事，这些事情可大可小，大到你升级做爸妈了，职称晋级了，小到看到一次美丽的夕阳，与同事一个温暖的拥抱，早上一份可口的早餐，这些都可以给你的生命带来幸福体验，值得去感恩。

参考文献：

[1][2] 徐宪江. 如何改变我们的习惯和人生 [M]. 北京：华侨出版社，2009.

[3] 周士渊. 习惯学 [M]. 北京：清华大学出版社，2018.

[4] 陈向明. 资料的归类和分析 [J]. 社会科学战线，1999（4）：223-229.

[5]（美）卡罗尔·德韦克. 终身成长 [M]. 南昌：江西人民出版社，2017.

[6] 张萌. 精力管理手册 [M]. 北京：中信出版社，2019.

[7]（美）詹姆斯·克利尔. 掌控习惯 [M]. 北京：北京联合出版有限公司，2019.

[8]（美）米哈里·契克森米哈赖. 心流——最优体验心理学 [M]. 北京：中信出版社，2017.

[9]（美）瑞迪. 运动改造大脑 [M]. 杭州：浙江人民出版社，2013.